丛书系国家社科基金重大招标项目《以"两个结合"继续推进马克思主义中国化时代化研究》(项目编号:23ZDA006)阶段性成果

读懂 厚德载物

中山大学中共党史党建研究院
理解和推进"第二个结合"丛书

张 浩 主编

邓菀莛／著

人民日报出版社
北京

图书在版编目（CIP）数据

读懂厚德载物 / 邓菀莛著；张浩主编 . -- 北京：
人民日报出版社, 2024. 10. -- ISBN 978-7-5115-8444-1
Ⅰ . D262.3
中国国家版本馆 CIP 数据核字第 202490FF16 号

书　　　名：	**读懂厚德载物**
	DUDONG HOUDEZAIWU
著　　　者：	邓菀莛
主　　　编：	张　浩

出 版 人：刘华新
策 划 人：欧阳辉
责任编辑：毕春月　杨　校
装帧设计：新成博创 XIN CHENG BO CHUANG

出版发行：人民日报出版社
社　　址：北京金台西路 2 号
邮政编码：100733
发行热线：（010）65369509　65369527　65369846　65363528
邮购热线：（010）65363531　65363527
编辑热线：（010）65369521
网　　址：www.peopledailypress.com
经　　销：新华书店
印　　刷：北京盛通印刷股份有限公司
法律顾问：北京科宇律师事务所　（010）83622312

开　　本：710mm×1000mm　　1/16
字　　数：151 千字
印　　张：14.75
版次印次：2024 年 10 月第 1 版　2024 年 10 月第 1 次印刷

书　　号：ISBN 978-7-5115-8444-1
定　　价：49.80 元

如有印装质量问题，请与本社调换，电话：（010）65369463

理解和推进"第二个结合"丛书
编委会

策　划：刘志明

主　编：张　浩

编　委（按丛书顺序）：

罗嗣亮　陶　颖　吴之声　何　旗　吴　瑞　余　斌

黄越泓　骆红旭　贾　茹　邓菀莛　姚丽梅　罗　楠

总 序

读懂"第二个结合"

在庆祝中国共产党成立100周年大会上，习近平总书记首次提出马克思主义基本原理同中国具体实际相结合、同中华优秀传统文化相结合的重大论断。在党的二十大报告中，习近平总书记对"两个结合"进行了深刻阐述："中华优秀传统文化源远流长、博大精深，是中华文明的智慧结晶，其中蕴含的天下为公、民为邦本、为政以德、革故鼎新、任人唯贤、天人合一、自强不息、厚德载物、讲信修睦、亲仁善邻等，是中国人民在长期生产生活中积累的宇宙观、天下观、社会观、道德观的重要体现，同科学社会主义价值观主张具有高度契合性。"在2023年6月2日召开的文化传承发展座谈会上，习近平总书记再次论及"两个结合"，特别对"第二个结合"进行了充分论述，阐明了马克思主义基本原理同中华优秀传统文化相结合的内在机理，即彼此契合、互相成就，揭示了马克思主义基本原理同中华优秀传统文化相结合对于筑牢道路根基、打开创新空间、巩固文化主体性方面具有重大意义。习近平总书记还强调，

"第二个结合"是又一次的思想解放,是中国共产党对马克思主义中国化时代化历史经验的深刻总结,表明了党在传承中华优秀传统文化中推进文化创新的自觉性达到了新高度。

马克思主义基本原理同中华优秀传统文化相结合的根本原因在于二者的契合性

产生于不同社会环境下的两种思想文化,要想达到相互适应、相互融合的和谐统一状态,彼此之间必须具有高度的契合性,这是促使两种文化有机结合进而造就一个新的文化生命体的根本原因。习近平总书记在文化传承发展座谈会上强调:"马克思主义和中华优秀传统文化来源不同,但彼此存在高度的契合性。"这种内在契合性可以体现在宇宙观、社会观、价值观、方法论等方面。

其一,宇宙观的契合性。宇宙观,又可以称为世界观,是人们对于客观存在的物质世界到底是什么以及如何认识客观物质世界的总的看法和根本观点。马克思主义世界观主要指对自然界、人类社会以及人与自然关系的整体看法,是指导人们认识和探索宇宙世界的思想指南。在对自然界的认识上,马克思主义强调自然规律的客观性,认为人类来自自然界,与自然界有着天然的和谐关系,即"人本身是自然界的产物,是在自己所处的环境中并且和这个环境一起发展起来的"[①]。在对物质存在方式的认识上,马克思主义认为,要从物质运动的表现形式出发来认识客观世界,指出:"一切存在的基

---

① 《马克思恩格斯选集》第3卷,人民出版社2012年版,第410页。

本形式是空间和时间,时间以外的存在像空间以外的存在一样,是非常荒诞的事情。"① 马克思主义的自然观和时空观作为世界观的重要组成部分,是马克思主义世界观的思想坐标,是考察人类社会发展规律的理论基础,也是从实际出发考察国家现实发展的思想根据。基于此,坚持一切以时间、地点和条件为转移的方法论成为将马克思主义基本原理应用于具体社会实践的逻辑前提,也为能够同中华优秀传统文化相结合提供了内在根据。

中华优秀传统文化的宇宙观,以"天人合一"为思想内涵,以中国人认识世界和改造世界的时空观为逻辑起点,是世界观借以中国语言的特殊表达。关于对自然的看法,中华优秀传统文化崇尚"天人之际,合而为一"的境界,阐述了"天道"和"人道"的相互关系,提出了人们应当恪守的行为准则。具体而言,"天道"即天地之间万事万物运行的客观规律,"人道"即在人类社会中规范人们行为方式的道德准则和精神品质以及人类社会发展运动的客观规律。二者的关系为"天地与我并生,而万物与我为一",即人不仅属于自然界的一部分,其本身还需要通过修身养性以达到与自然界和谐统一的境界。对时空的看法,源于对"宇宙"的考察。"宇宙"一词,可追溯至《庄子·齐物论》:"奚旁日月,挟宇宙?"《经典释文》引《尸子》之言道:"天地四方曰宇,往古来今曰宙。"这表明,"宇宙"作为表述时空的概念,已经为人们所用,其中,"天地四方""往古来今"即是对"时空"的中国话语表达。此外,郭象注《庄子·庚桑楚》提道:"宇者,有四方上下,而四方上下未有

---

① 《马克思恩格斯文集》第9卷,人民出版社2009年版,第56页。

穷处；宙者，有古今之长，而古今之长无极。"可以看出，中国古人对于"宇宙"的探索已经达到新的境界，即道出了空间存在的现实性、时间交替的继起性以及时间和空间发展的无限性。这些观点都与马克思主义的时空观高度契合，为同马克思主义基本原理相结合准备了思想条件。

其二，社会观的契合性。社会观指的是关于社会中的人类活动、社会发展的动力因素以及社会发展的趋势方向的整体看法。马克思主义社会观从"现实的人"出发，考察人类社会的实践活动，提出人类社会发展的终极目标和最高理想。在科学实践的基础上，马克思主义社会观以人类社会或社会的人类为出发点和立足点，对人类社会发展动力展开考察，认为人民群众的整体诉求和行动轨迹代表社会发展的方向，是推动社会变革发展的决定力量。由此，在推动社会变革发展的具体实践中，要坚持把人民群众放在至高无上的地位，发挥人民群众改造现存社会、追求理想社会的强大力量。关于理想社会，马克思主义提出人类社会的发展趋势为共产主义社会，即每个人的自由全面发展的美好社会。在这个理想社会中，社会生产力高度发展、物质资料极大丰富、旧式分工彻底消除、阶级对立和剥削压迫彻底消亡、生产资料实现公有，社会关系高度和谐，全体社会成员得到自由全面发展。到那时，全人类有着共同的利益基础，社会成为"真正的共同体"，人们真正摆脱了"人的依赖关系"和"物的依赖关系"，真正实现了每个人的"自由发展"。

中华优秀传统文化的社会观，基于"天下观"的基本理念，倡导"以民为本"的重要思想，将"大同"作为社会发展的终极目标，体现了中国人民家国同构的情怀伦理和对美好社会的向往追求。中华优秀传统文化视黎民百姓为国家根本，其中所蕴含的"民为邦本"思想由来已久。《尚书》载："民惟邦本，本固邦宁。"《孟子·尽心下》提出："民为贵，社稷次之，君为轻。"《荀子·哀公》提出："君者舟也，庶人者水也。水则载舟，水则覆舟。"中华优秀传统文化强调对"民"的重视，并将其丰富和拓展成为中华民族宝贵的精神财富，在一定意义上也成为栽培马克思主义"人民至上"观念的思想土壤。关于未来社会构想，《礼记·礼运》提出的"大道之行也，天下为公"以及对大同社会的描绘，道出中华民族对美好社会的千年夙愿。其中，关于大同社会"矜寡孤独废疾者皆有所养""货恶其弃于地也，不必藏于己；力恶其不出于身也，不必为己"等的描述，实际上体现了人们对于物质资料丰富充裕和社会公有制的追求，这也与共产主义的理想追求有着共通之处，增强了中华民族对马克思主义的认同感。"任人唯贤"出自《尚书·咸有一德》，体现的是重视人才，唯贤是举。马克思主义在确认人民群众在社会历史发展中的主体作用的同时，并不否认少数英雄人物起到的关键作用，这与中华优秀传统文化具有契合性。"为政以德"出自《论语·为政》，"为政以德，譬如北辰，居其所而众星共之"，讲的是统治者和官员要有道德操守，在重视个人品德、遵守政治规则的同时，尽力施行仁政，体现的是正身爱民的思想。"为政以德"是"民为邦本"思想的延伸和在政治上的表现，与"民为贵，社稷次之，君为轻"是相通的，同马克思主义的群众观点和群众路线也是相通的。"讲信修睦"最早出自《礼记·礼运》，核心含义是人与人之间、国与国之间要讲究信用，谋求和睦，强调信用与和睦，涉及人际关系乃至团体、群体的互相交往层面。"亲仁善邻"出自《左传·隐公六年》，"亲仁善邻，国之宝也"，讲的是国家民族间要和平相处，不以邻为壑，这也与中华文明的和平性相一致。"革故鼎新"源于《周易》的《革卦》与《鼎卦》，后世将其合二为一作为成语，意指改变社会上陈旧的、不合时宜的旧事物、旧制度，革除违背世道人心的不良因素，荡涤阻碍历史潮流的瑕秽污渍，它与马克思主义所讲的社会革命思想观点相契合。总之，中华优秀传统文化的社会观中关于人民主体力量和未来理想社会的思想与马克思主义社会观高度契合，为二者有机结合奠定了观念基础。

其三，价值观的契合性。价值观，是人们对于是非曲直的认知、判断和选择，体现着人们对于某种精神境界的追求和向往。马克思主义价值观，坚持以人的自由全面发展为核心目标和最高价值，以个人与社会的辩证统一为基本原则和实践遵循，旨在为绝大多数人谋利益，追求真正的普遍的共同利益。马克思、恩格斯在阐明"人的本质"和"社会关系"的基础上，提出个人与社会关系。立足于"人的本质在于其社会性"的观点，马克思主义认为，个人是社会的一部分，个人应该承担起推动社会发展的责任，个人离开了社会就无法生存。基于此，马克思主义提出集体主义的价值观念和道德原则，认为个人只有实现其社会价值才能实现其个人价值。此外，马克思、恩格斯还进一步指出，在共产主义社会，个人利益与社会利益高度一致，个人在维护社会利益的同时，社会也在保障个人利益，即"每个人的自由发展是一切人的自由发展的条件"①。马克思主义这种基于人的本质立场的集体主义价值观念和核心目标,为其同中华优秀传统文化深度融合开拓了道路。

中华优秀传统文化的价值观,有明显的集体主义情感倾向,强调群体高于个体。在宗法制的影响下,古代中国强调个人要遵循社会秩序和等级分配,通过"克己"达到"复礼",以维护封建统治。具体而言,"仁"的价值观念要求人们与人为善,尊重他人,对他人负责;"义"的价值观念要求人们对他人和社会公共利益作出贡献;"礼"的价值观念要求人们遵循社会礼仪,维护社会秩序和规范。中华文明强调的"自强不息",出自《周易·乾卦·大象传》,"天行健,君子以自强不息",意指一个人要有志向,要奋斗上进。"厚德载物"一词,出自《周易·坤卦·大象传》中的"地势坤,君子以厚德载物",指的是人作为天地之间的个体,应当取法于大地,不以个人得失为意,包容万物和他人。从国家层面来看,中华优秀传统文化提倡"苟利国家生死以,岂因祸福避趋之"的家国情怀和"修身、齐家、治国、平天下"的道德追求,认为只有融入社会、忠君报国才是有高尚品德的"君子"。以上种种都体现了中华优秀传统文化对个人的道德要求和行为准则,是中华优秀传统文化价值观的具体彰显。概言之,无论是马克思主义关于人的社会本质和集体主义价值观的思想,还是中华优秀传统文化所讲的个人要遵循社会秩序的观念,都强调个人价值的实现要以社会价值的实现为前提,都认为个人要对社会和集体付出并作出贡献,这鲜明体现了马克思主义

---

① 《马克思恩格斯文集》第2卷,人民出版社2009年版,第53页。

基本原理同中华优秀传统文化在价值观上的高度契合。

其四,方法论的契合性。方法论,是指导人们认识和改造世界、对人们的思维和行为方式产生影响的系统理论。马克思主义方法论,即唯物辩证法,要求人们不仅要从客观现实出发,通过理性思维来认识客观世界,而且要遵循客观规律,发挥人的主观能动性,通过具体实践去改造客观世界。从马克思主义理论的发展历程来看,这一科学理论生成发展的每一步都与实践紧密相连,它从实践中产生,在实践中发展,又反作用于实践并推动新的实践。从马克思主义哲学的任务要求来看,这一哲学思想特别重视实践的重要作用,强调哲学的任务不仅是要改变人们的思维方式、帮助人们理性认识世界,更是要基于此指导人们改变世界。它阐明了实践是全部社会生活的本质的观念,启发人们在社会实践活动中应用科学理论认识。这不仅为人们提高理性认识提供了方法指南,也为无产阶级进行革命斗争提供了实践工具。更重要的是,这种理论和实践相结合的方法论也为马克思主义中国化准备了思想条件和理论前提。

中华优秀传统文化的方法论,以"行"为核心范畴,通过论述"行"与"知"、"行"与"言"、"行"与"学"等的关系,提出"知行合一""言行合一""学至于行"的观念主张。关于"知行合一"的方法论,王阳明主张"尽天下之学无有不行而可以言学者,则学之始固已即是行矣",大意是知识、道理和学问需要通过行为实践才能获得,并强调格物致知、知行合一,这实际上与马克思主义"一切从实际出发"是高度契合的。关于"言行合一"的方法论,《论语·宪问》有曰,"君子耻其言而过其行",提倡人们说话行动要一致，不能纸上谈兵。孔子还提出了考察人的品行的方法论，认为一个人的实际行动是评判其言语和道德的标准，即"听其言而观其行"。这两个观点实际上与马克思主义"实践是检验真理的唯一标准"有相似之处。关于"学至于行"的方法论，《荀子·儒效》讲道，"不闻不若闻之，闻之不若见之，见之不若知之，知之不若行之。学至于行而止矣"，即认为听到、见到和了解到都不如自己去实际行动所收获到的，只有真正行动了，知识和学问才真正实现了其价值。从本质上看，这种"学至于行"的求知方法与"实践是认识的目的和归宿"的方法论有着契合之处。

马克思主义基本原理同中华优秀传统文化相结合实质上是一场深刻的"化学反应"

马克思主义基本原理同中华优秀传统文化二者相互契合才能有机结合。那么，二者结合的实质到底是什么？对此，习近平总书记指出："'结合'不是'拼盘'，不是简单的'物理反应'，而是深刻的'化学反应'，造就了一个有机统一的新的文化生命体。"① 这一重要论述深刻揭示了"第二个结合"的实质过程和成果形态，明确指出了二者相遇会产生创造新价值、新思想、新事物的化学反应，同时意味着二者的结合既不是内容的机械拼盘，也不是话语和范畴的简单杂糅，更不是以中华优秀传统文化为主导把马克思主义儒学化，而是经过一次次碰撞、交流、会通而实现螺旋式上升后的有机融合、

---

① 习近平：《在文化传承发展座谈会上的讲话》，《求是》2023年第17期，第7页。

血肉相连，乃至基因重组，进而生成新的物质。

其一，深刻的"化学反应"创造了新的文化生命体。马克思主义基本原理同中华优秀传统文化相结合所产生的"化学反应"形态集中体现在二者结合的深度与质变特性上，意味着这种"结合"不仅仅是简单的数的相加或物理拼接，而是通过深入融合和相互作用发生了根本性的变化，形成了全新的文化形态，即"新的文化生命体"。这种新的文化生命体作为马克思主义基本原理同中华优秀传统文化相结合的产物，不仅融合了二者精髓，而且在中国式现代化道路中实现了对中华文明的文化再造和生命更新，为新时代中国特色社会主义文化建设和文艺繁荣不断注入生机与活力，也为中国式现代化不断提供精神力量。在这一新的文化生命体中，马克思主义理论始终具有指导地位，不仅提供了科学的世界观和方法论，而且与中国的历史与实践紧密结合，经过长期的适应、调整和创新，形成了符合中国国情的理论体系和实践路径。通过马克思主义真理之光激活中华文明基因，中华优秀传统文化的价值观、思想精华和人文精神经历了现代化的筛选、提炼和再创造，与马克思主义基本原理相融合，共同塑造了新的文化形态，即中国式现代化的文化形态。

从"结合"的过程来看，马克思主义基本原理同中华优秀传统文化的结合，是一个坚持守正创新且具有鲜明实践导向的过程，不仅代表了中华文明内在包容性、开拓性的发展要求，也代表了马克思主义理论的创新要求、实践要求，从而产生了马克思主义在中国具体的历史与文化中生根发芽、开花结果的必然结果。这一结合过程体现出二者双向互动的机制,即马克思主义的精髓不断激活中华优秀传统文化的根脉,使中华优秀传统文化在新的历史进程中实现创造性转化和创新性发展;同时,中华优秀传统文化的精华也不断充实马克思主义的魂脉,为马克思主义的发展提供丰厚土壤和源头活水。正是在强国建设和民族复兴的宏大叙事与实践支撑下,通过对马克思主义中国化时代化内在机理、深层规律以及中华优秀传统文化的突出特性在长期实践和理论积淀中的揭示,马克思主义基本原理同中国国情、中国历史、中国文化深度融合,马克思主义在中国的文化土壤中扎根,马克思主义基本原理同中国国情相结合的深度和广度不断拓展,马克思主义基本原理同中华优秀传统文化的价值目标和价值立场达成辩证统一。在这一过程中,马克思主义的主导地位不断明确,中华优秀传统文化的世界意义和时代价值不断彰显。正是通过马克思主义同中华优秀传统文化相互作用、相互影响、相互塑造的"化学反应",形成了一个新的文化生命体,既体现了中华文明的深厚基础,也展现了马克思主义的科学性和真理性,推动了中国特色社会主义发展和中华民族现代文明建设。

从"结合"的结果来看,马克思主义基本原理同中华优秀传统文化相结合所产生的新的文化生命体的"果",体现出其"化学反应"不是简单元素的相加,而是深层次的、质的转化,最终诞生了全新的文化形态。在这场"化学反应"中,两种文化的相遇并非平行线的简单交错,而是深度的互渗互融。马克思主义的科学理论与中国传统文化的精神精华相互作用,经过长期的相互影响、相互改造,最终形成了既不同于传统文化的纯粹形态,也不同于马克思主义理论的原初形态，而是形成了一种新的、活的、具有中国特色的社会主义文化生命体。这一"化学反应"过程的特征，首先是选择性的融合。如同化学反应中的催化剂，特定的社会历史条件和实践需求促使这一融合过程选择性地吸收两种文化中最有益于中国社会发展的元素，去粗取精，去伪存真。其次是创造性的整合。不仅仅是物理层面的结合，更重要的是在思想深度和文化精神上的整合与创新，从而产生新的价值观念、思想理念和文化形态。最后是动态性的发展。它不是一次性完成的静态过程，而是随着社会实践的深入、时代需求的变化而持续进行的动态过程，这种文化生命体在不断的发展变化中更加成熟、充实、鲜活。因此，作为结合成果的新的文化生命体所体现的"化学反应"形态，正是在马克思主义的科学指导和中华优秀传统文化的精神滋养下，通过选择性融合、创造性整合和持续的动态性发展，形成的具有中国特色的社会主义文化。新的文化生命体不仅丰富了中国社会的文化景观，也为推进社会主义现代化建设、增强民族文化自信和促进人类文明进步提供了重要精神力量。

其二，深刻的"化学反应"开辟出中华民族现代文明建设之路。马克思主义基本原理同中华优秀传统文化相结合催生了新的文化生命体。这一新的文化生命体不仅重新定义了民族的精神面貌，也为中国式现代化奠定了文化根基。通过深刻的"化学反应"，马克思主义的科学理论与中华优秀传统文化的人文精神相互作用、相互渗透，共同构筑起中华民族现代文明的坚实基础，开辟出一条融合传统智慧与现代科学的现代文明建设之路。

一是重新定义了中华民族现代文明的精神面貌。马克思主义基本原理同中华优秀传统文化深层次、全方位的相互作用与渗透而形成的全新文化形态,对中华民族现代文明的精神面貌产生了深刻影响。马克思主义的科学理论提供了分析社会发展规律的工具,而中华优秀传统文化则赋予了民族精神深厚底蕴,二者的结合为中华民族现代文明提供了发展进程中所需的精神指引和文化自信。马克思主义关于人的自由和全面发展的观点,与中华优秀传统文化强调的和谐、中庸之道等价值观念的融合,形成了促进个人与社会、人与自然和谐共生的现代文明导向,不仅促进了社会的和谐稳定,也激发了个体的创造力和社会责任感,重新定义了中华民族现代文明的精神面貌,使之更加积极向上、开放包容。马克思主义真理之光激活了中华民族优秀基因,深化了中华民族对于文化根源和未来发展方向的自我认知。通过创造性转化和创新性发展,中华传统文化在马克思主义指导下吸收一切先进思想和理念,不仅巩固了自身深厚的文化底蕴,还形成了面向未来的开放态度和创新精神。这种精神面貌的转变,为中华民族在人类现代化历史进程中巩固文化主体性、加强文化创造性提供了源源不断的思想精华和精神动力。

二是为建设中华民族现代文明指明了前进方向。马克思主义的科学理论为建设中华民族现代文明提供了科学的理论指导,为当代中国的物质文明、精神文明、政治文明、社会文明和生态文明的协同发展指明了方向。马克思主义并不是与中国传统文化割裂的外来理论,而是在同中华优秀传统文化相结合的过程中,不断被赋予中国特色和时代内涵,使其能够更好地适应中国的国情和文化背景,从而更好指导中华民族现代文明的发展。马克思主义的科学理论与中华优秀传统文化的人文精神的结合，不仅丰富了中华民族现代文明的科学内涵，也为中华民族现代文明发展进程中遇到的理论与实践问题提供了独特的解决方案。中华优秀传统文化强调的和谐、中庸之道、重视道德和集体利益等价值观，与马克思主义关于社会公平、人的全面发展的理论相结合，形成了具有中国特色的社会主义价值体系，塑造了中华民族现代文明的价值方向，也为处理社会矛盾、促进社会和谐与进步提供了文化基础。马克思主义基本原理同中华优秀传统文化的结合，使中华民族现代文明实现了发展与创新。在文化层面，促进了传统文化的创造性转化和创新性发展，使中华文化在全球化语境下既保持了自身的独特性，又彰显了自身的开放性和包容性；在制度层面，既吸收了马克思主义的科学原理，又融合了中华优秀传统文化的治国理政智慧，形成了中国特色社会主义制度，有效推进了国家治理体系和治理能力现代化。

三是构筑起中华民族现代文明的坚实基础。马克思主义深刻揭示了人类社会发展的基本规律，为中华民族指明了社会主义现代化的基本方向；而中华优秀传统文化所蕴含的深厚人文精神，特别是关于和谐、中庸、仁爱的价值观念造就了民族道德文化的支撑力量，不仅保证了中华民族现代文明建设的科学性和进步性，也确保了其道德性和人文性，塑造了一种富有现代化张力的文明新形态，使古老的中华民族在明德修身上焕发新风貌。这一深刻"化学反应"也在推动着中华文明从传统文明向现代文明的转变，使中华民族不仅在物质层面实现现代化，更在精神和文化层面完成自我超越和接续发展，推动中华文明实现从以农业文明为主导的传统文明向以工业化、信息化、全球化为特征的现代文明的转变，增强文明自觉与文明自信相统一的历史主动。

其三，深刻的"化学反应"实现了又一次思想解放。在马克思主义基本原理同中华优秀传统文化相结合的深刻的"化学反应"中，二者精髓的融合实现了又一次思想解放的历史性跨越。这一结合深植于中国共产党解放思想的历史进程，体现了对党的理论创新经验的总结和对文化发展规律的洞察，同时展现了马克思主义中国化时代化的生动实践。通过这一结合，中华优秀传统文化得到创造性转化和创新性发展，马克思主义在中国的土壤中焕发出新的活力，为中华民族现代文明建设奠定了坚实的理论和文化基础，推动了中华文化在新时代的自信与自强，为中国式现代化探索提供了正确方向和强大动力。

首先，这场"化学反应"推动了对马克思主义与中华文化关系认识的思想解放。这场"化学反应"强调了马克思主义基本原理同中华优秀传统文化之间高度的契合性，打破了二者不可兼容的错误理解，促进了马克思主义文化理论的不断完善和发展。通过将马克思主义基本原理同中华优秀传统文化相结合，不仅为马克思主义在中国的发展注入了新的活力，也为中华文化的现代转型提供了科学指导和理论支持，这一过程本身就是对旧观念、旧文化的一种超越，体现了新时代中国共产党人的思想解放。在新的历史条件下，对马克思主义基本原理同中华优秀传统文化的结合进行时代化的阐释，形成了一系列关于社会主义文化建设的新的理论观点和实践成果，

读懂厚德载物

其精华就是习近平文化思想。这不仅为中华民族现代文明建设提供了根本遵循，也实现了思想理论的守正创新，有效推动了中国特色社会主义文化事业的发展。

其次，这场"化学反应"推动了对中国与马克思主义关系认识的思想解放。长期以来，在对中国与马克思主义关系问题的认识上，一部分人片面强调马克思主义科学理论对中国发展的深刻影响，但对中国之于马克思主义理论体系的发展贡献闭口不提。充分肯定马克思主义深刻改变了中国的认识当然是正确的，但停留于这样的认知是不全面的，因为这只看到了问题的一个方面。而"第二个结合"的提出，则使我们认识到马克思主义和中国是互相成就的关系，不仅马克思主义深刻改变了中国，中国也极大丰富和发展了马克思主义，这样的认识才更加全面。马克思主义基本原理同中国具体实际相结合侧重于理论与实践、主观与客观、应用与被应用的关系问题，这一结合做得再好，就其本质而言，也只能体现对马克思主义科学理论的深刻理解和有效运用，无法真正让马克思主义成为中国的。如果说这种结合语境下的"中国"具有明显的受动特质，那么"第二个结合"中的"中国"则表现出强烈的主体能动性。"第二个结合"触及古与今、中与西之间的交流互鉴和融合发展问题。正是通过深刻的"化学反应"，中华优秀传统文化得以进入马克思主义谱系之中，使马克思主义从中华文化沃土中获得丰厚滋养，使身为"舶来品"的先进理论真正内化为中华民族现代文明的有机组成部分，让马克思主义成为中国的。

再次，这场"化学反应"推动了对传统与现代关系认识的思想解放。对于传统文化，过去由于多种因素，有的人往往坚持着这样一种形而上学的偏见：将传统与现代文明机械地对立起来，一提到"传统"就认为是落后的、过时的、陈腐的，而"现代"就是进步的、发展的、时髦的，由此呼吁建设现代文明就必须彻底抛弃传统。事实上，传统与现代之间并非简单的对立或断裂关系，而是有着更为复杂的内在联系，呈现出相互兼容、相互作用的鲜明特征。"第二个结合"在厘清传统与现代关系层面实现了思想解放，凸显了中华优秀传统文化在现代化进程中的地位和价值，要求从连续性和整体性维度考察由传统中国到现代中国的发展演进过程，将中国视为一个连续发展的有机整体。传统与现代是相互影响、相互交融、相互塑造的，中国式现代化强调赓续而非消灭古老文明，是文明更新的结果，而不是文明断裂的产物。"第二个结合"强调以文化底蕴筑牢道路根基，让新时代的道路建设实践有了更为宏阔深远的历史纵深。中国式现代化与中华文明是相互影响、协同推进的，前者赋予后者以现代力量，后者赋予前者以深厚底蕴。

马克思主义基本原理同中华优秀传统文化相结合巩固了文化主体性

马克思主义基本原理同中华优秀传统文化相结合最根本的价值体现在什么地方？对此，习近平总书记在文化传承发展座谈会上指出，"第二个结合"巩固了文化主体性。何为文化主体性？这里的主体性，特指某一主体在文化活动中的重要地位。毫无疑问，这里的主体当然是指中国。因此,文化主体性实质上是指"在文化层面上彰显当代中国作为主体的特殊性质"①,是指中国共产党和中国人民对自身文化发展的高度主动权。习近平总书记强调:"有了文化主体性,就有了文化意义上坚定的自我。"②拥有坚定的自我,更是凸显了中国这个主体在文化活动中的自主性和主动性。"第二个结合"巩固了文化主体性,具体体现为增强了文化自觉、坚定了文化自信、提升了文化自立、推进了文化自强。

其一,增强了文化自觉。何为文化自觉?一般认为,"文化自觉"一词最早由费孝通提出。费孝通认为,文化自觉是指"生活在一定文化中的人对其文化有'自知之明',明白它的来历,形成过程,所具的特色和它发展的趋向"③。他进一步分析,这种文化自觉并不是要复古,也不是要全盘西化,而是为了加强文化转型和文化选择中的主动性以及主动地位。从这一角度来看,"第二个结合"正是如此。它深刻总结文化发展的历史规律,提出文化传承发展的方法,强调守正不守旧、尊古不复古,坚持古为今用、洋为中用,大大增强了中华民族的文化自觉。首先,"第二个结合"是文化传承发展的重要途径和方法。中华优秀传统文化源远流长、博大精深,是中华文化的根脉。但其归根到底是古代小农经济的产物,要使其跟上时代步伐,在当代继续发挥巨大作用,就必须在马克思

---

① 刘同舫:《"第二个结合"与文化主体性的巩固》,《思想理论教育》2024年第1期,第5页。
② 习近平:《在文化传承发展座谈会上的讲话》,《求是》2023年第17期,第9页。
③ 费孝通:《反思·对话·文化自觉》,《北京大学学报(哲学社会科学版)》1997年第3期,第22页。

主义这个魂脉的指导下,实现创造性转化和创新性发展。二者互相作用,互相成就,造就一个新的文化生命体,实现中华文化的新生。其次,"第二个结合"是对文化建设的规律性总结与认识。"第二个结合"不仅是理论逻辑上的必然结论,还是在对近代以来中国文化发展历史进行深刻总结的基础上得出的规律性认识。鸦片战争以后,中国逐步沦为半殖民地半封建社会。面对西方在文化领域的进攻,建立在小农经济基础之上的中国传统文化,在西方先进的资本主义文化面前败下阵来。中国人苦苦寻找文化发展的出路,直到马克思主义传入中国,才逐渐掌握了文化发展的主动权,在精神上由被动转为主动。中国共产党深刻认识到,马克思主义在中国的传播和发展,必须经由一定的民族形式才能够实现,必须同中华优秀传统文化相结合。正是因为坚持"第二个结合",中国共产党领导人民创造了革命文化和社会主义先进文化,真正推动了中华文化在当代中国的大发展大繁荣。再次,"第二个结合"实现了马克思主义中国化时代化新的飞跃。党的十八大以来,以习近平同志为主要代表的中国共产党人坚持"第二个结合",立足新时代中国实际,充分汲取中华优秀传统文化中的精华养分,创立了习近平新时代中国特色社会主义思想。从其科学的世界观和方法论,到治国理政的智慧和布局,习近平新时代中国特色社会主义思想闪耀着"第二个结合"的光辉,是中华文化和中国精神的时代精华,实现了马克思主义中国化时代化新的飞跃。

其二,坚定了文化自信。何为文化自信?顾名思义,文化自信就是对自身文化的价值有着高度的认识和肯定,以及对自身文化发展的坚定信心。文化自信是一个国家、一个民族立得住、站得稳、行得远的最大底气。一个民族的文化自信,往往需要经历长期的历史过程,需要经历岁月的反复淘洗和沉淀,需要对自身文化成果有着深刻的总结和继承,还需要对本民族优秀传统文化怀有足够礼敬。"第二个结合"的提出,标志着党的文化自信达到了新的高度。"第二个结合"指出文化自信的重要来源、突出内容和提升路径,大大坚定了中华民族的文化自信。首先,"第二个结合"指出了文化自信的重要来源。习近平总书记指出:"中华优秀传统文化是中华文明的智慧结晶和精华所在,是中华民族的根和魂,是我们在世界文化激荡中站稳脚跟的根基。"[1] "第二个结合"充分肯定了中华优秀传统文化的重要作用,指出中华优秀传统文化是我们民族的自信之基、力量之源,是中华文明数千年来生生不息的精神力量,是中华民族历经千难万险依然屹立于世界民族之林的精神支柱。其次,"第二个结合"指出了文化自信的突出内容。中华优秀传统文化中丰富的哲学智慧、历史经验、人生价值、治国理念,是中华文明特有的精神标识,充分体现了中华民族自强不息的奋斗精神和饱含智慧的无穷创造力。再次,"第二个结合"揭示了文化自信的提升路径。要立足中华民族伟大历史实践和当代实践,坚持用中国道理总结好中国经验,加快构建中国特色哲学社会科学;坚持把中国经验提升为中国理论,不断推进马克思主义中国化时代化;坚持用中国理论回答好中国问题,为新时代中国特色社会主义伟大实践提供科

---

[1]《习近平关于社会主义精神文明建设论述摘编》,中央文献出版社2022年版,第236页。

学理论指导。

其三，提升了文化自立。何为文化自立？立，就是要立足和扎根中国大地。文化自立就是强调作为文化主体的中国共产党和中国人民，以中国的优秀传统文化为滋养，以中国的社会实践为根据，排除外来因素的侵蚀和干扰，独立自主发展自己的先进文化。"第二个结合"坚持马克思主义指导，坚持从中国实际出发，充分运用中国传统智慧和文化资源，推动新时代文化发展，帮助我们党牢牢巩固文化领导权，大大提升了中华民族的文化自立。首先，"第二个结合"巩固了马克思主义在意识形态领域中的指导地位。马克思主义是我们立党立国、兴党兴国的根本指导思想，但是马克思主义不是一成不变的教条，它必须随着时代的发展而发展，才能始终保持旺盛生命力；必须结合当地的历史文化条件，才能更好地在本土扎根、传播，保证其作为指导思想的重要地位。"第二个结合"坚持守正创新，用中华优秀传统文化充盈、丰富了马克思主义，推动了马克思主义中国化时代化，使其更能符合中国实际，更能为中国人民所接受、领悟和掌握。这在根本上巩固了马克思主义在意识形态领域的指导地位。其次，"第二个结合"加强了中国共产党和中国人民作为文化主体的实践主动性。党的十八大以来，以习近平同志为核心的党中央科学总结中华文化发展历程，深刻洞悉中华文化发展大势，作出一系列关于文化建设的重要论述，并团结带领全国人民加以实践：强调必须坚持自信自立，中国的问题要立足中国实际，由中国人民自己来回答；强调必须加快构建中国特色哲学社会科学，必须体现继承性、民族性，充分利用好中华优秀传统文化资源，在吸收升华的基础上，使民族性更符合当代中国实际和人类发展要求；强调中国式现代化是赓续古老文明的现代化，而不是消灭古老文明的现代化，是从中华大地长出来的现代化，不是照搬照抄其他国家的现代化；等等。再次，"第二个结合"抵御了各类错误思潮的侵扰。习近平总书记指出："我们的同志一定要增强阵地意识。宣传思想阵地，我们不去占领，人家就会去占领。"[1] 面对各式各样的社会思潮、相互碰撞的价值理念、激烈变化的传播态势，"第二个结合"为我们坚持正确的文化建设方向，抵御各类错误思潮的侵扰提供了强大的思想武器：反对任何形式的文化复古主义，坚持推陈出新、革故鼎新；反对文化全盘西化论，正确对待西方文化，吸收人类文明一切有益成果，为我所用；反对西方在意识形态领域的和平演变，坚守社会主义文化建设的正确方向，增强中华文化在国际上的影响力。

其四，推进了文化自强。何为文化自强？进入新时代，中国人民迎来了从站起来、富起来到强起来的伟大飞跃。要真正实现强起来，不仅在物质层面要强，在精神层面也要强。文化自强，就是指中华民族依靠自己的努力，使自身在精神文化领域强起来。"第二个结合"是我们党对中华文明发展规律的深刻把握，为我们提供了一条在精神层面实现强起来的正确路径，为我们担负起新的文化使命指明了正确方向，大大推进了中华民族的文化自强。首先，"第二个结合"对推动文化繁荣有重要意义。勤劳勇敢的中国人民创造

---

[1]《习近平关于社会主义精神文明建设论述摘编》，中央文献出版社2022年版，第67页。

了灿烂辉煌的中华文化，开创了文化繁荣的美好景象。中华优秀传统文化滋养了一代代中国人，塑造了中国人的精神气质，满足了中国人的精神需求。如今，在新时代推进文化发展繁荣，中华优秀传统文化依然存在巨大价值。"第二个结合"将中华优秀传统文化的巨大价值充分彰显和发挥出来，使之与现代社会相适应，与社会主义核心价值观相协调，与当今时代发展与人民需求相符合，为社会主义文化大发展大繁荣提供源源不绝的养分。其次，"第二个结合"对建设文化强国有重要意义。习近平总书记指出，要"推动中华优秀传统文化创造性转化、创新性发展，继承革命文化，发展社会主义先进文化，不断铸就中华文化新辉煌，建设社会主义文化强国"[1]。国家的强盛，既要看经济军事等硬实力，也要看文化软实力。建设社会主义文化强国，是全面建设社会主义现代化国家的题中应有之义，而"第二个结合"是建设社会主义文化强国的重要途径。中华优秀传统文化中刚健有为、自强不息的精神气质激励着一代代中国人面对困境百折不挠，是刻在中国人骨子里的文化基因。今天，面对艰巨繁重的建设任务，中华优秀传统文化依然是中国人迎难而上的动力之源，"第二个结合"为建设文化强国提供了坚实的历史文化基础。再次，"第二个结合"对建设中华民族现代文明有重要意义。习近平总书记指出："中华优秀传统文化是中华文明的智慧结晶和精华所在，是中华民族的根和魂，是我们在世界文化激荡

---

[1]《习近平关于社会主义精神文明建设论述摘编》，中央文献出版社2022年版，第30页。

中站稳脚跟的根基。"①建设中华民族现代文明，是推进中国式现代化的必然要求。中国式现代化是赓续古老文明的现代化，而不是消灭古老文明的现代化。要赓续古老文明，就必须使中华文明从适应自然经济的传统状态转变为适应工业社会的现代状态。"第二个结合"打通了中华优秀传统文化与现代文明相适应的关键渠道，使传统的成为现代的，更好地构筑起中国精神、中国价值、中国力量。

文化兴则国运兴，文化强则民族强。当今世界正经历百年未有之大变局，"源浚者流长，根深者叶茂"。站在历史的交汇点，在全面建成社会主义现代化强国、实现第二个百年奋斗目标的新征程上，我们应充分认识中华优秀传统文化的重要价值，坚定文化自信、历史自信，大力推进中华优秀传统文化的研究与传承。要坚持马克思主义理论的科学指导，透过表象看历史，深入挖掘中华优秀传统文化的精神标识和文化精髓，把马克思主义基本原理同中华优秀传统文化精髓融会贯通，进行创造性转化和创新性发展，赓续中华文脉，谱写当代华章。要深刻把握中华优秀传统文化的当代价值，充分发挥中华优秀传统文化的引领作用，把马克思主义基本原理同中国具体实际、同中华优秀传统文化相结合，坚定不移推进马克思主义中国化时代化，在守正中创新，在传承中发展，讲好"第二个结合"故事，更好推进中华民族现代文明的发展。

在中华人民共和国成立75周年、中山大学成立100周年之际，中山大学中共党史党建研究院组织专家学者撰写的理解和推进"第

---

① 《习近平关于社会主义精神文明建设论述摘编》，中央文献出版社2022年版，第236页。

二个结合"丛书的出版,具有重要的政治意义和纪念意义。同时,这套丛书是国家社科基金重大招标项目《以"两个结合"继续推进马克思主义中国化时代化研究》(项目编号:23ZDA006)阶段性成果,具有一定的学术意义。

希望这套丛书在深化对党的二十大精神、文化传承发展座谈会精神和习近平文化思想研究阐释方面立新功,在深化对"第二个结合"研究方面谋新篇,在推动讲好中华优秀传统文化故事、中国共产党故事等方面探新路。

是为序。

张 浩

中山大学中共党史党建研究院执行院长

目 录

第一章 / 001
厚德载物的历史渊源和思想精要

第一节　何为厚德载物……………………………………………… 005
第二节　如何厚德载物……………………………………………… 017

第二章 / 071
马克思主义理论与厚德载物的契合性

第一节　马克思主义人民立场与厚德载物的民本思想相契合……… 074
第二节　马克思主义道德观与厚德载物的价值追求相契合………… 089

第三章 / 101
中国共产党对厚德载物的传承与发展

第一节　反求诸己：坚持伟大自我革命……………………………… 104

第二节　民为邦本：全心全意为人民服务……………………………… 127

第三节　天下为公：坚定不移走共同富裕道路………………………… 140

第四节　明德弘道：传承弘扬中华传统美德…………………………… 167

第五节　协和万邦：推动构建人类命运共同体………………………… 179

01 第一章

厚德载物的历史渊源和思想精要

第一章
厚德载物的历史渊源和思想精要

世界潮流，浩浩汤汤、横无际涯。文化，从狭义上讲，是指精神文化。文化精神，则为民族精神、精神气质，是使一个群体不同于其他群体的那些特质的总和。① 持天下一家、大同泛爱观念，中华文化强调厚德载物之道及重视共同价值体构建。

数千年来，中国学说百家林立、论辩蜂起。溯源中国学说，笔者认为，沉浮消长的百家学说，以"保合太和"思想价值和文化理念黏合、共生、复出，以此形成中华文明的璀璨夺目。儒家文化既与诸子百家文化和而不同、多元共生，又肯定其自身独特、重要的地位与影响。儒家文化之所以能将个人教化与国家治理、社会发展结合，达到相辅相成、相互促进，重要原因在于时迁移且应物变化，以"保合太和"的中庸之道使物、事和而不同、化生共生。一如马克思指出："当我们通过思维来考察自然界或人类历史或我们自己的精神活动的时候，首先呈现在我们眼前的，是一幅由种种联系和相互作用无穷无尽地交织起来的画面，其中没有任何东西是不动的和不变的，而是一切都在运动、变化、生成和消逝。"② "保合太和"由人类而推及至自然、宇宙，乃需执中、要在中庸，是审视人、自然、社会关系与问题时表现的客观、辩证、包容，蕴含和实生物、共赢

---

① 陈国强：《简明文化人类学词典》，浙江人民出版社1990年版，第96页。
② 《马克思恩格斯选集》第3卷，人民出版社2012年版，第395页。

共生的主张，善解能容、推己及人的品质。而以仁、义、礼、智、信、孝、中、和、俭、宽、柔、让等理念为中心，中国形成了数千年的厚德载物传统。

厚德载物，源于《周易》"象辞"，是中国思想境界、中国精神气质的品质要求，也是中华传统文化对于修身治国的高级标准。厚德载物，不但有着深远的中国历史与文化渊源，而且有着无限的发展生机与延伸可能——厚德载物，乃中华民族精神与文化可雕、可塑、可琢、可磨、可铸、可造之"核"——厚德载物之大德，是中华民族奉献给人类悠久、丰富、浓厚的文化追求与价值规范，蕴含着中华民族独特的精神气质、心理特征、理想旨趣、情感依托、文化传统、习俗性情等原则标准。厚德载物之"德"，至今仍表现出难能可贵的特性；厚德载物之"德"，是历史继承性的辩证统一，对社会道德规范律己利他、自主向上的追求，为这一优秀文化赋能并源远流长、影响深远、枝繁叶茂。

第一章
厚德载物的历史渊源和思想精要

第一节　何为厚德载物

《周易》"象辞"有载:"天行健,君子以自强不息。地势坤,君子以厚德载物。"①与《连山》《归藏》并为"三易"的《周易》,包括《易经》《易传》。《易经》萌芽期可能早在殷周之际,旦作为占卦之用,但是"大道之源"、群经之首,是中国古代智慧的结晶,义理富赡、博大精深。易,有"变易""不易""简易"这"三义"所指。其第一卦为"乾"卦,谓:"乾为天,乾上乾下。"第二卦为"坤"卦,另称:"坤为地,坤上坤下。"天地千奇百怪、气象万千,作为自然之子的人类生于斯、长于斯,产生千丝万缕的关联,因观天地之象而思维活跃、见解深刻。方寸天地的究天人之变,浓缩成"保合太和"的本质灵魂与思想精华,贯穿数千年,造就中华文化境界与民族辉煌。而最生动最凝练的生命之花、文化之华,是《易经》有关"乾天""坤地"及六十四卦的讨论。

《周易》乾彖曰:"乾道变化,各正性命,保合太和,乃利贞。""保合太和",是基于乾道变化的各正性命之观察与认识。

---

① 〔魏〕王弼注、〔唐〕孔颖达正义:《周易注疏》,〔清〕阮元校刻:《十三经注疏》上,上海古籍出版社1997年版,第14页。

读懂厚德载物

"乾",象征天;"坤",指称地。"乾天""坤地",为六十四卦中的第一、二卦。"乾天""坤地",乃厚德载物思想之发源与呈现。"乾天",三画卦、三阳爻,象征天道由阳气积聚形成物象,在运行中广大深远、变幻莫测、周而复始、刚健不息。乾道覆盖天下万物,因而乾卦六爻皆阳爻,纯阳而刚健。以此乾卦观人文,君子行世适得其所,无论或"潜"或"惕"或"见"或"亢"或"飞"或"跃",都刚健向上、变化不息。"乾天"之卦德,因而元亨利贞,是开始、是阔大、是宏远、是亨通、是贞正、是坚固。"坤地",六爻,皆阴爻,应承天道之地道,以阴气凝结而成,绵延伸展、无际无边,负载万物、至大广厚。坤卦,由此纯阴而最为柔顺。以此坤卦观人文,无论西南东北,朋类亲属,以至为柔顺德性的待之、信之、处之,因而元亨贞吉、元亨大通。《序卦传》称:"有天地,然后万物生焉。"《周易》之道,负载"推天道以明人事"的文化职责与思想使命。其之开阔崇高,与社会治理的厚载呈负相关系、与思想的动静相宜互联通。周人效法天道和地道运行而得"乾天""坤地",就好比龙在天上游走、马在地上奔驰,柔顺而能健行,所以"君子有攸往",既能守柔居后、增厚美德,又能行健不息、容载万物。"乾天""坤地"之君子,是为厚德载物。其中要略,乃在对"道""德"的信奉与坚守、传承与发展。

第一章
厚德载物的历史渊源和思想精要

一、何谓"道"

"道",《说文》释为"所行道也",《尔雅》称"达谓之道",《周易·履》谓"道坦坦"。道,与小路、小径相对,指大路、大道。中国古代先民对于客观存在的大路、大道的观察与体认,成为对于天地之间正确物事的遵循,进而变为对于宇宙本体规律的追寻及对万物生存图式的判断。道,是有关"正当性""价值性"的重视与言说。

考察厚德载物之"道",首先需要溯源至《周易》。《周易》阐述天地世间万事万物的变化与发展,表现中国先民的认识和把握世界的整体观与天人观。在涵盖万有、纲纪群伦、广大精微的记载中,以天地、阴阳为基本规律之道,《周易》认为自然与生活中无处不存在普遍的、相对的矛盾——亦即各正性命,保合太和。老子吸纳这种主张,认为天地之间纷繁复杂但皆因为有了道才有了万事万物的生发,继之提出:"道生一,一生二,二生三,三生万物。"道是宇宙世间的基本运行本质,也是人类思维基本特征与基本方法,因而十分重要且难以探究。老子《道德经》谓:

> 道可道,非常道。名可名,非常名。无名天地之始,有名万物之母。

天地始于无名,道起于非常道、难以道。道的本性,与人的生

读懂厚德载物

命本性存在内在的一致性。"乾天""坤地"既然为厚德载物,道之"大",也在于厚德载物。道是"乾天""坤地"的变化与演绎的内核,也是人文发展与生生不息所在——人法天之道、法地之道,而为人之道。道德、道义、正义,乃成为厚德载物之天道、人心。一方面,"大道甚夷,而民好径"。另一方面,有德君子,行天地乾坤之道:"天之道,不争而善胜,不言而善应,不召而自来,坦然而善谋。"(《道德经》第七十三章)"天何言哉?四时行焉,百物生焉,天何言哉?"(《论语·阳货》)"夫是之谓天德,王者之政也。"(《荀子·王制》)君子之行、王者之政,厚德载物,乃依自然之天、达于天道。达于天道的道,使人复归到道的自身本然,呈现纯厚质朴的精神境界。

《周易》对于厚德载物思想的发展至关重要。周人见世界川流不息、天道幽妙难明、王朝更替迭变,以殷为鉴,重视厚德载物之道。无论是《周易》还是《尚书》中,均见厚德载物,敬德保民主张。比如,在《尚书》的《蔡仲之命》篇,记载周公封蔡仲之事,表现厚德载物之道。当时,周公位居大宰、统率百官之时,其弟弟管叔、蔡叔、武庚散布流言并且联合淮夷作乱。周公率兵东征,杀掉管叔、囚禁蔡叔、把霍叔降为庶人。蔡叔的爵位虽然被剥夺,但他的儿子蔡仲有德行,被周公任为卿士,最后又分封于蔡国。周公写下《蔡仲之命》。文中,周成王告诫和勉励蔡仲要遵循祖德、谨守臣子之道,前往封地任诸侯之后,要敬慎修德、思忠思孝、勤劳不怠,为后代留下模范,而不能违背天命天道。成王强调:"皇天无亲,惟德

第一章
厚德载物的历史渊源和思想精要

是辅。民心无常，惟惠之怀。"天道是不分亲疏的，只辅助有德行的人，民心也是没有常主常数的，只怀念与敬爱仁爱的君主。做善事的方式虽然各不相同，都会达到安治，做恶事虽然各不相同，都会走向动乱，一定要警戒谨慎，做事既要考虑开始又要考虑终局，这样才不会困窘困穷，才能和睦四邻、保家卫国、和谐百姓。

《尚书》除了收入《蔡仲之命》，又收周王朝时期的"五诰"。诰，是为王者发布政令的文书。① 五诰，即《大诰》《康诰》《酒诰》《召诰》《洛诰》，同样记载了周人对于厚德载物之道的推崇与重视。例如，《大诰》即是周公相成王时，周公率兵东征出师前，以成王口吻发表的诰文，申述所以东征的理由；《康诰》乃康叔封为卫君时，周公告诫康叔如何敬天爱民；《酒诰》，则是周公要康叔改变卫国自殷代以来就形成的骄奢淫逸社会风气，命令康叔禁酒。另外，《康诰》强调"克明德慎罚""作新民"；《酒诰》强调"纯其艺黍稷，奔走事厥考厥长，肇牵车牛，远服贾用，孝养厥父母"；《召诰》强调"肆惟王其疾敬德？王其德之用，祈天永命"；等等。在周人的政治文化、社会伦理倡导中，"祈天永命"（《尚书·召诰》）是终极的价值性、合法性要求，如此才能"欲至于万年，惟王子子孙孙永保民"（《尚书·梓材》）。以国家为重，保民重民，是上达天意、天道的中介与策略。

---

① 商汤打败夏桀后，发布《汤诰》，昭告天下，所以讨伐夏桀，是对于天道、大道的遵循。

二、何谓"德"

"德",本义指登高,攀登,与行走有关,从"彳"。《说文》称:"德,升也。"《周易·剥》另载:"君子德车。"取"德"的登、升之意,意思是说,君子以顺德比德行德,才可以有登车的资格与身份。春秋时,士大夫出行不能步行,只能乘车,这里引申为只有有了德行,才能有资格乘车出行,有资格为政一方。与"人能载舟亦能覆舟"中的"舟"类似"德"又通"得",指取得、获得之意。"德"有"升"之意,在原有基础之上,又引申出了道德、品行、感激等意思。《玉篇》谓"德"为"福也",《篇海类编》谓为"德行"。凡言德者,代表着善美、正大、光明与纯懿。《孟子·梁惠王上》中,就称:"德何如则可以王矣?"就中可见,道德的重要性及其意义所在。《左传·成公三年》称"然则德我乎",则又以德来指感激之意。可见,厚德载物之"道",也是厚德载物之"德"。此种"德"是一种大德,因为是对于大道的追求;此种"道"也是一种大道,因为是对于大德的尊奉。

"道"与"德"两者合二为一,内在统一、互为表里,方为发于心形于外的真正君子仁人。合"道"与"德",统而称之为"道德",成为中国两千多年来社会意识形态中极其重要的、基本的一种行为准则、判断标准、人生规范。道德,代表着中国两千多年来社会共同的、主流的、正面的价值取向;道德,是顺道、得理为善,逆道、违理为恶的大道大德。厚德载物之道、之德,既是一种

第一章
厚德载物的历史渊源和思想精要

外在的社会舆论、判断规定的表现,又是一种内在的信念信仰、素质修养所在。君子道长、小人道消,成就中华优秀传统文化的源远流长,大同与共。

《尚书》记述了原始社会后期首领唐尧、虞舜的功德和言行。其中《尧典》载:

> 曰若稽古帝尧,曰放勋,钦明文思安安,允恭克让,光被四表,格于上下。克明俊德,以亲九族。九族既睦,平章百姓。百姓昭明,协和万邦,黎民于变时雍。①

在《尚书》中,记载距今四千年到二千六百年间虞、夏、商、周时期的重要言论史事、政治哲学和基本要点,对厚德载物之大德做了重要的强调与申说。史官考察古时传说,有载称,帝尧为人为政而能道德纯备、温和宽容、恭敬节俭、明察四方、分辨是非。他治理天下,以宽宏温和、真诚克制、让贤礼士而光照四面八方、天上人间。他命令羲氏、和氏敬慎地遵循天数、制定历法节令,命令羲仲在东方旸谷恭敬地迎接日出、辨测昼夜长短,命令羲叔在南方交趾辨测太阳运行和确定时节。帝尧还把两个女儿嫁给孝心醇厚的虞舜,赞美父义、母慈、兄友、弟恭、子孝这五种常法等。在帝尧的领导下,族人亲密团结、和睦有加,百官善行善德,团结诸侯、

---

① 〔汉〕孔安国传、〔唐〕孔颖达正义:《尚书正义》,〔清〕阮元校刻:《十三经注疏》上,上海古籍出版社1997年版,第118—119页。

和睦邦国。以德之道，亲亲族、百姓、万邦，是古代中国最高的道德追求。

《尚书》中《五子之歌》又称："民惟邦本，本固邦宁。"①《泰誓》亦谓："民之所欲，天必从之""天视自我民视，天听自我民听"。这是中国先民对理想政治和大同世界的追求与向往，也以此为中心形成自周朝以来的礼乐文化与仁政思想。以《皋陶谟》"九德"为范，中国先民主张要做到"宽而栗，柔而立，愿而恭，乱而敬，扰而毅，直而温，简而廉，刚而塞，强而义"。具备如此德性，人生才能通达发展、求仁得义。其中名篇《洪范》有载：

> 三德：一曰正直，二曰刚克，三曰柔克。平康，正直；强弗友，刚克；燮友，柔克。沉潜，刚克；高明，柔克。惟辟作福，惟辟作威，惟辟玉食。臣无有作福、作威、玉食。臣之有作福、作威、玉食，其害于而家，凶于而国。人用侧颇僻，民用僭忒。②

《汉书·五行志》曰："禹治洪水，赐《洛书》，法而陈之，《洪范》是也。"故《洪范》又称《洛书》，旧传为箕子向周武王陈述"天地之大法"的重要篇章。该文托武王与箕子对话（今人或认为系

---

① 〔汉〕孔安国传、〔唐〕孔颖达正义：《尚书正义》，〔清〕阮元校刻：《十三经注疏》上，上海古籍出版社1997年版，第156页。
② 〔汉〕孔安国传、〔唐〕孔颖达正义：《尚书正义》，〔清〕阮元校刻：《十三经注疏》上，上海古籍出版社1997年版，第190页。

第一章
厚德载物的历史渊源和思想精要

春秋战国后期或两汉儒者所作），谓禹治水有功，上帝锡"洪范九畴"（大法九种），传水、火、木、金、土这"五行"及其性能作用。"洪"，"大"也；"范"，"法"出"道"也；"洪范"，乃指统治大法之义。《洪范》富蕴哲学思想，尤其五行主张，成为此后历代王朝王道政治基础。上文中，主张天子要建立"皇极"，是要"天子作民父母，以为天下王"，实行赏罚，使臣民顺服。其中对德道、德治之要求，提出要和"正直""刚克""柔克"这三种方法。注谓"三德"："至德，敏德，孝德也。"人有三种德性，分别是正直、过分刚强、过分柔顺，要做到至德至敏至孝，就要不刚不柔、端正平直、中正平和。因为倔强不能亲近人就是过分刚强，君王要抑制刚强不能亲近人的人；因为和顺而不坚强就是过分柔顺，君王要推崇和顺可亲的人。只有这样，君王才能做到既施加威罚、惟辟作威又厚德载物、造福于民。

《尚书》被历代儒家列为必须研习之书，"三德"主张受到王朝统治者的高度重视。在这种文化传统与政治思想影响之下，君主要注意"五事"，严修貌、言、视、听、思；君主也要严循"五纪"[①]，依岁、月、日、星辰、历数这五大常理行事。"刚克""柔克""作威""作福"，使君主修身束行，更使臣民以此规范。"德"成为以儒学为代表的中华传统文化遵循的重要规范。例如，司马迁在《史记·殷本纪》中，记载了商汤时期网开一面的故事：

---

① 〔汉〕孔安国传、〔唐〕孔颖达正义：《尚书正义》，〔清〕阮元校刻：《十三经注疏》上，上海古籍出版社1997年版，第188—189页。

>汤出，见野张网四面，祝曰："自天下四方，皆入吾网。"汤曰："嘻，尽之矣！"乃去其三面。祝曰："欲左，左；欲右，右。不用命，乃入吾网。"

成汤外出游猎，看见郊野四面张着罗网，张网的人祝祷说：愿从天上来的，从地下来的，从四方来的，都进入我的罗网。成汤说：唉，这样就把禽兽全部打光了。于是把罗网撤去一面。祝祷说：想往左边走的就往左边走，想向右边逃的就向右边逃。不听从命令的，就进我的罗网吧。成汤宽容仁德，连禽兽都受其恩惠。夏桀荒淫无道、暴政横行，成汤率领诸侯讨伐，建立商朝，在以力服人、以理服人之外，以德服人、以仁服人。

《周易》六十四卦中第十一卦为泰卦，强调"天地交，泰"①。卦象的吉利与否，在于交流、相应、变通这三个主要因素。交流与相应，是变通的前提。交流之根本，首先在于懂得天地相交之"泰"道——天地通顺安泰，在于坤道柔小而能往外、坤道伟大而能入内，由此而吉祥、亨通。因此，君子之通泰，乃在于遵循天道而行人道。天地相交，而有万物，君子履世，尤在厚德。《论语》中，载述孔子大量对于"德"的品行和作风的强调。孔子尤其强调：

---

① 〔魏〕王弼注、〔唐〕孔颖达正义：《周易注疏》，〔清〕阮元校刻：《十三经注疏》上，上海古籍出版社1997年版，第28页。

第一章
厚德载物的历史渊源和思想精要

为政以德,譬如北辰,居其所而众星拱之。

道之以政,齐之以刑,民免而无耻;道之以德,齐之以礼,有耻且格。

孔子认为,一个人要修成君子,厚德载物,就要"志于道,据于德,依于仁,游于艺"(《论语·述而》)。为此,孔子以德为修养之要,提出"德之不修,学之不讲,闻义不能徙,不善不能改,是吾忧也"。有德之人,不能只看到自己"小我"或自己的小家,而应该推而广之,以天下为己任,以感召民众而推行主张。为政以德之人,好比天上的北极星,众星都围绕着它来转动运行。主德化、主礼治、主养心、主育德,成为中国传统的政治理想与思想主张,也成为中国百姓人心归服的根本与途径。如何用德来引导、用礼来整顿,使治理潜移默化,社会和谐、人民安居,是中华传统文化中极其重要的部分。明德,是弘扬彰显光明正大的恂恂德心,汪汪轨度。从孔子对德诸多论述中,可以看出对其德的理解及德在为政、为人、为学中的重要地位。

《诗经》《论语》《老子》《楚辞》《礼记》等中华典籍,也无一不是重德言德、以民为本、重视民心。例如,《大学》开篇乃曰:

大学之道,在明明德,在亲民,在止于至善。

又如,老子主张以百姓的心为心,用"善"对"不善":

善者吾善之，不善者吾亦善之，德善。信者吾信之，不信者吾亦信之，德信。

善良的人，我以善良对待他；不善良的人，我也以善良对待他，使之能得于善良。诚实的人，我以诚实待他；不诚实的人，我也以诚实待他，使之能得于诚实。在扬善之风中，以善心、诚心对待所有人，使百姓都归心于善良诚实。这里的"德善""德信"之"德"，有得到、取得之意。得到、取得百姓之心，从来是古代中国历代治理中，有关善政、仁政之必需，与仁君、德臣之必要。以民为本，也从来需要尊重民心、维护民意。如此，执政善政，就要求执政者立德扬德、止于至善。

第一章
厚德载物的历史渊源和思想精要

第二节　如何厚德载物

《周易》提出"厚德载物",也阐释如何"厚德载物"并且深远地影响了此后中华文化的发展与流变。如第二十二卦为《贲卦》,以"贲"展示物事各种形势下可能发生的各种变化。贲卦,山火贲:

《彖》曰:贲,亨。柔来而文刚,故亨。分,刚上而文柔。故"小利有攸往"。天文也。文明以止,人文也。观乎天文,以察时变,观乎人文,以化成天下。①

下离上艮的异卦相叠,离为火为明,艮为山为止,故文明而有节制,以质为主,以文调节。将人世间的"文"与"化"关联、关乎对外界事物的观察,夏关乎培育阔大胸襟与浩然格局:"观乎天文,以察时变;观乎人文,以化成天下。"因为所谓"文",乃"错画也,象交文"②。在线条与色彩交错而形成的花纹当中,先人引申

---

① 〔魏〕王弼注、〔唐〕孔颖达正义:《周易注疏》,〔清〕阮元校刻:《十三经注疏》上,中华书局1980年版,第37页。
② 汤可敬:《说文解字今释(增订本)》第3册,上海古籍出版社2018年版,第1280页。

出文字、文采、文章、华丽、美德、文德、经典、自然现象等意思。以此形成的所谓"天文",指自然规律及现象;形成"人文",则指社会规律及现象。人世间,天文、人文相映,锦绣互饰。

显然,汉字的"文"与"化",蕴含着以文化人、以文教化之意。例如,《论语》称:"远人不服,则修文德以来之。"① 以"文"指文教、礼节;杜牧《感怀诗一首》的"圣云继之神,神仍用文治"②,以"文"指美德等。至于"文"与"明"合为一词,见于《周易·乾》:"见龙在田,天下文明。"③ 大意是说:龙的出现,预示着有涵养品德的人要出来教化万民,和平盛世将要到来。孔颖达注"文明"为:"阳气在田,始生万物,故天下有文章而光明。"文章出现在人世,就好像是阳气升腾于大地,使万事万物得以生长、天下人间得以光明。故"文明"与"野蛮"相对,指文采光明、文德辉耀、文教昌明,包括人类物质创造、精神追求、公序良俗等。至西汉刘向做《说苑》,将"文"与"化"并用,以论治国安民。其称:

> 圣人之治天下也,先文德而后武力,凡武之兴,为不服也。文化不改,然后加诛。④

---

① 〔魏〕何晏注、〔宋〕邢昺疏:《论语注疏》,〔清〕阮元校刻:《十三经注疏》下,上海古籍出版社1997年版,第2520页。
② 《杜牧诗集》,上海古籍出版社2015年版,第7页。
③ 〔魏〕王弼注、〔唐〕孔颖达正义:《周易正义》,〔清〕阮元校刻:《十三经注疏》上,上海古籍出版社1997年版,第16页。
④ 〔汉〕刘向撰,赵善诒疏证:《说苑疏证》,华东师范大学出版社1985年版,第405页。

大意是：圣人治理天下，先用文德教化天下，再用武力征服天下。只用武力征服天下，不会被信服；而用文德治理，改变不了，则可诛罚。在这里，文化指衣食住行及价值、信仰、道德、理想、艺术等精神和规范。名节，是文化中的重要组成部分，指一个人立身处世的名誉和节操。爱惜名誉、自律自爱、洁身自好、保有节操，就要不以贵倨人、不以诈欺人，讲重诚信、明节重信。在中国古代，贤哲对于道德价值、名节气节的修炼有着丰富的阐释与明确的解说，以论人之品性和社会治理、民众教化，表现恳辨与劝诫。尤其名节，是厚德载物的内涵呈现与行为外化。因而，德之何以"厚"与"载"？乃在于文化流衍、文明传承中，弘扬仁义信诚、宽敬惠让、时中执正、修学执礼等思想主张并身体力行、有为于世。

一、仁义信诚

"仁"，本义指博爱、人与人相互亲爱，从人，从二，代表中国古代一种含义极广的道德观念。人，"读如相人偶之人"。《说文》称："仁，亲也。"《礼记》曰："仁者，人也。""上下相亲谓之仁。""养之，长之，假之，仁也。""温良者，仁之本也。""仁"的核心，表现为人与人之间的相互亲爱。中国古代，历朝历代都重视对仁的诠释与发扬。仁，不仅包括人与人之间的相亲相爱，而且表现为心性主张并且可以推及物事，表现对万事万物的泛爱精神、博爱思想。仁，代表了人生正途、生命大道。有关仁人、仁术、仁心、仁海、仁宇、仁笃、仁道、仁政、民爱物、仁而下士、深仁厚泽等的讨论，在中国历代典籍中载述丰富、浩如烟海。

有关"仁"的主张，自周朝之后便见发展。尤其以儒家为代表，其主张欣然爱人爱物的思想，自孔子、孟子开始，强调把对于自身的感受、体会由内及外——推己达人。儒家"三礼"之一的《礼记》，至唐代时尊为"经"，宋代以后位居"三礼"之首。据传为孔子的七十二弟子及其学生所作《礼记》[①]共四十九篇，分述个人修身、教育教学、以教化政、大同社会、礼制与刑律等内容，同样记载大量关于"仁"的讨论。

儒家认为，仁德并非生而具、君子也非天生而成，改过自新之人，也能成为君子，关键是要付诸努力，使自己不仅耳达四聪，而且宅心仁厚、仁德宽广。君子心里想的是修身养性、治国平天下。孔子首次把仁提升为一种普遍的、重要的价值原则，他传承与发展周朝礼乐文化，认为真正的君子首先是仁者，仁者第一是"爱人"，有一颗爱人之心，以仁为行为准则和处世标准，仁德之礼时刻要谨修谨记。孔子强调，要做到仁并不难，仁离人并不远，关键是人们的心里要一直想着仁想着爱，又以仁为最高的道德标准、完美的道德追求，"为政在人，取人以身，修身以道，修道以仁"。

《论语》中，记载大量关于"仁"的内容。如孔子与弟子讨论仁的问题，《阳货》篇记载子张问孔子什么是仁。孔子回答说："能行

[①]《礼记》原分《大戴礼记》(《大戴礼》)和《小戴礼记》，《小戴礼记》常称作《礼记》。

第一章
厚德载物的历史渊源和思想精要

五者于天下,为仁矣。"子张又问为什么,孔子说:

> 恭、宽、信、敏、惠。恭则不侮,宽则得众,信则人任焉,敏则有功,惠则足以使人。

仁者要做到恭敬、宽厚、信实、勤敏、善待他人。恭敬,就不会被人侮辱;宽厚,就能得到人们的爱戴和拥护;信实,则能得到大家的信任和依赖;勤敏,就会使工作有效率和结果;善待他人,别人也愿意同你合作。《颜渊》篇又记载颜渊问仁:

> 颜渊问仁。子曰:"克己复礼为仁。一日克己复礼,天下归仁焉。为仁由己,而由人乎哉。"
> 颜渊曰:"请问其目。"子曰:"非礼勿视,非礼勿听,非礼勿言,非礼勿动。"
> 颜渊曰:"回虽不敏,请事斯语矣。"[①]

作为孔子最喜欢的学生之一的颜渊,向孔子请教如何施行"仁"。孔子说"克己复礼为仁",是在于"克,犹约也。复,犹反也。言若能自约俭己身,返反于礼中,则为仁也"(南朝梁皇侃《论语义疏》)。"克己复礼",是主动追求而非被动要求、是内在自律而非外在强制。

---

① 〔魏〕何晏注、〔宋〕邢昺疏:《论语注疏》,〔清〕阮元校刻:《十三经注疏》下,上海古籍出版社1997年版,第2502页。

一个人能做到克制和约束自己的私欲，让行为能依礼的要求而行，就是仁了。一旦做到这样了，人们也会称为仁人。是否能做到仁，完全靠自己而非别人的强求。基于这样的价值理念，孔子对仁的践行，也表现在内在自律与自我要求。如马厩着火之事："厩焚。子退朝，曰：'伤人乎？'不问马。"在古代，马是骑乘与兵战的必需之物，对马十分重视，孔子家的马棚失火，孔子退朝回来听说后，马上问伤着人没有，而不问马的情况，正是仁道思想的体现。仁之所以能从内心深处、主动地自觉地起到约束一个人的作用，是因为这个人心中有爱，所以马厩着火，孔子首先在意的是人而非物。所以，当弟子樊迟问什么是仁时，孔子称仁就是爱人。做到爱人，就能做到克制自己，"己欲立而立人，己欲达而达人"（《论语·雍也》）。一个人以仁要求自己，由及影响身边的人，达到天下人人爱人、人人归于仁的境界。《论语·里仁》称"里仁为美"，居住在有仁德风气的地方，是美好的。《论语·里仁》也称："仁者安人，知者利仁。"有仁德的人安于仁道，聪明的人知道行仁道有利于己；"唯仁者能好人，能恶人"。只有仁者才真正懂得如何爱人、如何厌恶人，也就是说，只有仁者才能做出公正的评价和选择。

仁，是一个人对于自己的内在要求与约束，更是为政者对于自己的要求与约束。为此，当季康子向孔子请教政治之道时，问是否能够以杀掉坏人来亲近好人时，孔子对曰："政者正也。子帅以正，孰敢不正？"当时鲁国的权臣季康子问孔子如何治理政务。孔子回答说，政就是正，为政的人带头走正道做正确的事，那么其他人谁

第一章
厚德载物的历史渊源和思想精要

敢不走正道不做正确的事呢。孔子认为君子小人的品格有所不同，所思所怀也有所不同，有仁德的人不会孤单，他的周边可以形成一个磁场，被众人拥戴，刀山火海、义无反顾，因此治理政治不需要一定用杀戮之法，而是以心向善，治理者向善了，在仁德的覆蔽之下，老百姓就会好起来、社会就会变得热闹祥和、美丽和谐。也正基于对于仁的重视，孔子认为，才智足以担任官职的人，却不能以仁来持守它的话，即使得到了官位，也一定会矢去。

（一）仁与孝、义的关系

许慎在《说文解字》中释"孝"为"善事父母者"。"悌"，指兄友弟恭，即弟弟尊敬兄长、兄长爱护弟弟。孝与"悌"关联。"惇行孝弟"，意即敦促、勉励人们孝顺父母、敬爱兄长。

孔子重视孝悌，认为孝悌是做人、做学问的根本。

> 其为人也孝弟（悌——引者注），而好犯上者，鲜矣；不好犯上，而好作乱者，未之有也。君子务本，本立而道生。孝弟也者，其为仁之本与！[①]
>
> 子曰："弟子入则孝，出则悌，谨而信，泛爱众，而亲仁，行有余力，则以学文。"[②]

[①]〔魏〕何晏注、〔宋〕邢昺疏：《论语注疏》，〔清〕阮元校刻：《十三经注疏》下，上海古籍出版社1997年版，第2457页。

[②]〔魏〕何晏注、〔宋〕邢昺疏：《论语注疏》，〔清〕阮元校刻：《十三经注疏》下，上海古籍出版社1997年版，第2458页。

读懂厚德载物

《论语·学而》中，孔子称："父在，观其志；父没，观其行。"孔子以孝行观察一个人的品行、志向。对于"父志"是否遵循，看出一个人修身立德水平。所以，孔子的弟子有子称："其为人也孝弟，而好犯上者，鲜矣；不好犯上，而好作乱者，未之有也。君子务本，本立而道生。孝弟也者，其为仁之本与！"大意是：一个人如果孝顺父母，敬爱兄长，却喜欢触犯在上位的人，这种人是很少见的；不喜欢犯上却喜欢作乱，这种人是不会有的。君子行事致力于根本，确立根本，道也就产生。有子认为，孝悌，就是仁道的根本。儒家把血缘关系与"始""元""天"联系，强调"事父孝，故事天明"（《孝经·应感章》）。孝悌，是恭敬中摆在第一位的，与国家治理、社会风化密切关系。"天下之本在国，国之本在家，家之本在身。"（《孟子》）儒家认为孝悌是仁的根本，人要做到有仁德大义，首要在于孝悌，既孝敬自己的父母，又尊爱自己的兄长，把爱推及别人，才能对外人敬爱，成为真正表里如一的谦谦君子。汉朝郑玄《戒子益恩书》、三国时期诸葛亮《诫子书》、南北朝时期颜之推《颜氏家训》、宋代司马光《家范》、清代《曾国藩家书》等，均重视孝悌、恭敬之道，主张恭敬之心人皆当有之，是为德之大本。夫孝，德之本也，教之所由生也。身体发肤，受之父母，不敢毁伤，孝之始也。立身行事，扬名后世，以显父母，孝之终也。

朱熹在《小学·立教》中称："二十而冠，始学礼，可以衣裘帛，舞《大夏》。惇行孝弟，博学不教，内而不出。三十而有室，始理男事，博学无方，孙友视志。"一个人在二十岁的时候，要笃行

第一章
厚德载物的历史渊源和思想精要

孝悌、要博学而穷理但还未可为师教人。这一时期，还要蕴积美德于心中，而不自我表现才能。等到三十岁，成婚有妻室了，就要开始治理事情，如受田、攻役等。但至此，学习还是没有形成固定的方向，仅取决于心志、爱好，对待朋友就要谦逊，观察他们的志向而自我勉励。孝悌是人的德性具体表现，决定德性根本。以孝悌为立身之本，诚信为行己之要、忠厚为存心之基，勤俭为谋生之道。

仁，又以行义来明明德、达其道。孔子认为重义避利，追求道义，与小人表现不同的生活态度和人生追求，就是仁君子。《论语》中，出现二十多次关于"义"的记载。挑选几处，列举如下：

> 君子义以为上。①
>
> 君子之于天下也，无适也，无莫也，义之与比。②
>
> 君子喻于义，小人喻于利。③
>
> 君子义以为质，礼以行之，逊以出之，信以成之，君子哉！④

---

① 〔魏〕何晏注、〔宋〕邢昺疏：《论语注疏》，〔清〕阮元校刻：《十三经注疏》下，上海古籍出版社 1997 年版，第 2526 页。

② 〔魏〕何晏注、〔宋〕邢昺疏：《论语注疏》，〔清〕阮元校刻：《十三经注疏》下，上海古籍出版社 1997 年版，第 2471 页。

③ 〔魏〕何晏注、〔宋〕邢昺疏：《论语注疏》，〔清〕阮元校刻：《十三经注疏》下，上海古籍出版社 1997 年版，第 2471 页。

④ 〔魏〕何晏注、〔宋〕邢昺疏：《论语注疏》，〔清〕阮元校刻：《十三经注疏》下，上海古籍出版社 1997 年版，第 2518 页。

读懂厚德载物

> 见利思义，见危授命，久要不忘平生之言，亦可以为成人矣。①

"义""義"，从我、从羊，本指仪容状貌，行状年纪。《说文》称："義，己之威仪也。"义德之美，是公正合宜的道理、合乎正义公益的举动，与"仁"并称，故而有"义刑"（仪型，楷模）、"义行"（仪形，效法）、"义度"（仪则，法度）之说。《周易》曰："利者，义之和也。""利物足以和义"，义、利乃和谐统一而非对立的。利依义而确立，义依利而实现。遵循大道之义，能与利和合共生。"义"与"利"（利益、功利）相对。和合境界，是行义以达其道。立人之道的第一要义，是首先要"义以为上"。孔子认为，君子懂得什么是义。心怀仁义，对于天下之事，就没有一定要这样做、没有一定要这样不做的，唯一的标准就是仁义与否。社会治理也是如此，要把仁义德化为内在本质，以正当合理作为衡量万事万物的标准，在利益面前保持清醒，做到言行一致，表里如一。

"志乎义""见利思义""先义后利""公利大于私利"，体现真正的君子精神。"仁义"，成为衡量君子行为准则的标准，也成为良君治国的方针策略。"孔子明确赋予了'仁'之内在精神与生命意义。"②自孔子开始，形成有关仁与礼、仁与义、义与利等诸多问题的

---

① 〔魏〕何晏注、〔宋〕邢昺疏：《论语注疏》，〔清〕阮元校刻：《十三经注疏》下，上海古籍出版社1997年版，第2511页。

② 许春华：《"兴"："诗"与"仁"的对接——论"孔子诗学"的哲学意义》，《哲学研究》2022年第6期，第70页。

第一章
厚德载物的历史渊源和思想精要

讨论与基本观点。孟子在孔子的基础上,提出行"不忍人之政",将"恻隐之心"作为一切善性行为、厚德载物之道。在《公孙丑》一文中载:

> 人皆有不忍人之心。先王有不忍人之心,斯有不忍人之政矣。以不忍人之心,行不忍人之政,治天下可运之掌上。所以谓人皆有不忍人之心者,今人乍见孺子将入于井,皆有怵惕恻隐之心。非所以内交于孺子之父母也,非所以要誉于乡党朋友也,非恶其声而然也。①

孟子讨论天人关系、人兽区别,认为人之所以别于禽兽,在于人有恻隐之心、羞恶之心、恭敬之心、是非之心。这些道德情感,使人类的文明产生、繁衍、发展,而仁义礼智这"四端",更是人与非人的区别。对民本的尊重,使孟子主张"保民而王""行仁政而王"并进一步发展以民为本、贵仁爱物思想。他提出:

> 以力假仁者霸,霸必有大国;以德行仁者王,王不待大,汤以七十里,文王以百里。以力服人者,非心服也,力不赡也;以德服人者,中心悦而诚服也,如七十子之服孔子也。②

---

① 〔汉〕赵岐注、〔宋〕孙奭疏:《孟子注疏》,〔清〕阮元校刻:《十三经注疏》下,上海古籍出版社1997年版,第2690—2691页。
② 〔汉〕赵岐注、〔宋〕孙奭疏:《孟子注疏》,〔清〕阮元校刻:《十三经注疏》下,上海古籍出版社1997年版,第2689页。

读懂厚德载物

仁政("不忍人之政")的道德基础,在"不忍人之心"。仁政能超越国家、民族、地域、种族、语言、信仰、传统、风俗等,达至协和万邦、天下大同。孟子强调"存心",通过内心自省,"其自反而仁矣,自反而有礼矣",主张追求道义、正义,乃至舍生而取义:"生,亦我所欲也,义,亦我所欲也,二者不可得兼,舍生而取义者也。"(《孟子·告子上》)在梁惠王向孟子询问治国方略时,孟子认为以仁义治国,方能国泰民安。一个人若能通过内心自省,做到"非仁无为也,非礼无行也",就达到仁与礼的一致,就是克己复礼。

荀子、墨子等也发展了仁的主张。荀子认为,民为目的、君为手段,失去民众,政治合法性荡然无存:"修道而不贰,则天不能祸。"(《荀子·天论》)"天之生民,非为君也。天之立君,以为民也。"(《荀子·大略》)"如是,百姓贵之如帝,高之如天,亲之如父母,畏之如神明。故赏不用而民劝,罚不用而威行,夫是之谓道德之威。"(《荀子·强国》)"养人之欲,给人之求""凡生天地之间者,有血气之属必有知,有知之属莫不爱其类。"(《荀子·礼论》)而墨子主张"兼相爱""交相利",认为义就是利,利就是义,义和利是相等的:"义,利也。"(《墨子·经上》)"人者,人必从而爱之,利人者,人必从而利之。"(《墨子·兼爱》)义是对人有利的,同时,也是为利所服务的,义以利为目的,主张人与人之间相爱互利,社会中相互残杀的事情也就会逐渐变少,天下就会太平和谐。反之,如果以功利之心来治国,心里只有利益,势必会造成无休无止的争斗,最终天下大乱。墨子认为,义和利是一致的,是既贵义又重利。墨子以染丝为例,强调君子对于义利的坚守的重要性,不可为他物动摇与影响:"子墨子见染丝者而叹曰:'染于苍则苍。染于黄则黄。所入者变,其色亦变。五入必,而已则为五色矣。故染不可不慎也。'"(《墨子·所染》)崇尚气节大义,使人强识群书、综古今沿革损益之故,又使人"平实敦大",不为无用之高谈阔论,在大义的浸润中节度而有礼矩、才气雄迈而能变化,这样,才能成为真正硕德高行的君子。即使是道家,同样强调仁义。《庄子·齐物论》载:"夫大道不称,大辩不言。大仁不仁,大廉不嗛,大勇不忮。道昭而不道,言辩而不及,仁常而不成,廉清而不信,勇忮而不成。"庄子认为,大道无名可称,周密的言辞不用言说,大仁不有意为仁,大廉不刻意谦让,大勇不鲁莽行事。道被言说出来便不是真道,辩论的言辞总有表达不到的地方,存有仁爱之心必不能周全,太过廉洁的人反而不一定是真的廉洁,莽夫之勇总是成事不足败事有余。

(二)仁与信、诚的关系

信,从人,从言,指真心诚意。《说文》称:"信,诚也。"但"信"与"诚",同也不同。《中庸》说:"诚者自成也。"《礼记·大学》曰:"诚于中,形于外。"《国语》谓:"定身以行事谓之信。"《孟子》曰:"有诸己之谓信。""信"与"诚"连用,合而为"信诚"。"信"与"诚"作为伦理规范和道德标准,都需要忠实于自己的内心与本我，但"诚"更强调自己，而"信"还涉及他人。当然，是否言合于意，是对他人也是对自己。一个人在世间行走，无论是对己还是对人，无论是言论还是行为，都应当做到言行一致、良善有信。《逸周书》称："成年不尝，信诚匡助，以辅殖财。""父子之间观其孝慈，兄弟之间观其友和，君臣之间观其忠愚，乡党之间观其信诚。"信诚，是求真务实，诚实正义。

"信"和"诚"，又合为"诚信"。《诗》记载文公以信诚治国理家："刑于寡妻，至于兄弟，以御于家邦。言举斯心加诸彼而已。"《老子》时，则将"诚信"提升到哲学层面，提出"信言不美，美言不信""其精甚真，其中有信"。老子既视"诚信"为自然法则，也视之为人伦之理。儒家讲伦理，尤其重视自律自觉。诚信，是一个人立身处世的根本，在儒学史发展中意义非凡。

孔子认为，诚信是做人的根本，教育学生"文、行、忠、信"。他指出：

> 人而无信，不知其可也。大车无輗，小车无軏，其何以行之哉。[1]
>
> 居上不宽，为礼不敬，临丧不哀，吾何以观之哉。[2]
>
> 子曰："义以为质，礼以行之，孙以出之，信以成之，君

---

[1]〔魏〕何晏注、〔宋〕邢昺疏：《论语注疏》，〔清〕阮元校刻：《十三经注疏》下，上海古籍出版社1997年版，第2463页。

[2]〔魏〕何晏注、〔宋〕邢昺疏：《论语注疏》，〔清〕阮元校刻：《十三经注疏》下，上海古籍出版社1997年版，第2469页。

第一章
厚德载物的历史渊源和思想精要

子哉。"①

孔子主张人在世间，如果没有信用，就像是大车没有了輗，小车失去了軏，难以行驶。他批评不宽厚、不恭敬、失礼之举，要求行礼尽意，认为这是区别是真儒士、陋儒、俗人的标准。以道义为根本，君子按礼仪行世，方是谦逊、忠诚的君子。于此基础上孟子说"诚"为天道，与"天之道"相对的"人之道"乃"思诚"。

《孟子》中，"诚"字出现22次。如《孟子·离娄上》称："诚者，天之道也。思诚者，人之道也。至诚而不动者，未之有也；不诚，未有能动者也。"哀公问政于孔子，孔子对曰"为政在于得人。取人以身，修道以仁"，君子修身以事亲、知人、知天，"智、仁、勇、三者，天下之达德也"，继而《离娄上》又称：

> 居下位而不获于上，民不可得而治也；获于上有道，不信于友，弗获于上矣；信于友有道，事亲弗悦，弗信于友矣；悦亲有道，反身不诚，不悦于亲矣；诚身有道，不明乎善，不诚其身矣。
>
> 诚者，天之道也；思诚者，人之道也。②

---

① 〔魏〕何晏注、〔宋〕邢昺疏：《论语注疏》，〔清〕阮元校刻：《十三经注疏》下，上海古籍出版社1997年版，第2518页。

② 〔汉〕赵岐注、〔宋〕孙奭疏：《孟子注疏》，〔清〕阮元校刻：《十三经注疏》下，上海古籍出版社1997年版，第2721页。

读懂厚德载物

《孟子》有关"诚"的讨论，基本含义是诚心真意，与性善论相关联时，特指反求诸良心本心，听命于良心本心之际的心理状态。诚是自然规律，追求诚心诚意是做人的道理。运用思维自我反省，使自己的道德行为达到与天道合一的"至诚"的境界。循着孟子的思路，思诚为修身之本，只有自己诚心诚意，才能取信于别人。对于不应该停止的，那就没有什么不可以停止了，对于要厚待的却薄待了，那就没什么不可薄待了，前进太快，后退也快。"诚"，不打折扣，不生杂念，无愧于心，此之谓"明善"。

作为"稷下之学"的代表，管子强调"道"在天表现为日，在人表现为心。他在《枢言》一文中提出，要做到"诚信"，就不可不慎重地对待"贵"，不可不慎重地对待"人民"的问题，以诚信团结天下大众：

> 先王贵诚信，诚信者，天下之结也。贤大夫不恃宗室，士不恃外权。坦坦之利不以功，坦坦之备不为用。故存国家，定社稷，在卒谋之间耳。①

管子主张道之在天者为太阳，在人者为人心，帝王治理天下要懂得对人心爱之利之、益之安之。先贵与骄，则失，要"慎贵""慎民""慎富"，而"慎贵在举贤，慎民在置官，慎富在务地"。"时者得天，义者得人，既时且义，故能得天与人。"贵诚信，得天下，存

---

① 黎翔凤撰，梁运华：《管子校注》上，中华书局2004年版，第246页。

第一章
厚德载物的历史渊源和思想精要

国家，定社稷。爱民、利民、益民、安民这四者，都是从道中产生。重视这四者，才能得到良好的政治治理，圣王良君要慎重地处理好民心，分清楚治理中什么是先什么是后，方能表现治理的思想智慧、执政境界。重视诚信、有了诚信，天下各国才可能更好地团结友好，也才可能更好地做到贤大夫不依靠宗室门第、士不依靠别国同盟，取得平平的小利不视为功，面对平平小富不为所用——诚信，所以存国家、定苍生。

《礼记》强调诚信于经纶天下的重要意义与价值：

> 诚者，天之道也。诚之者，人之道也。
> 唯天下至诚，为能经纶天下。①
> 民不求其所欲而得之，谓之信。②
> 是故贤者之祭也，致其诚信，与其忠敬。③
> 君子有诸己，而后求诸人，无诸己，而后非诸人。所藏乎身不恕，而能喻诸人者，未之有也。④

---

① 〔汉〕郑玄注、〔唐〕孔颖达正义：《礼纪注疏》，〔清〕阮元校刻：《十三经注疏》下，上海古籍出版社1997年版，第1632页。
② 〔汉〕郑玄注、〔唐〕孔颖达正义：《礼纪注疏》，〔清〕阮元校刻：《十三经注疏》下，上海古籍出版社1997年版，第1610页。
③ 〔汉〕郑玄注、〔唐〕孔颖达正义：《礼纪注疏》，〔清〕阮元校刻：《十三经注疏》下，上海古籍出版社1997年版，第1602页。
④ 〔汉〕郑玄注、〔唐〕孔颖达正义：《礼纪注疏》，〔清〕阮元校刻：《十三经注疏》下，上海古籍出版社1997年版，第1674页。

尺有所短寸有所长，各自都有可取之处，任何事物都有不足之处，再聪明的人都有不明白的时候。人哪能无过错，有了过错能够改正过来，就是最大的好事了。行之发于至诚至真，才能够更可信于人，巧诈不如拙诚。品德高尚的人，总是自己先做到才去要求别人做到，自己做了要求别人不去做，那是不可能的。天地之化育中，精诚之至，打动人心。以诚挚的心思虑事物、做事修身，方能得以立大本。这是中华优秀传统文化延绵至今，所珍重与传承的智慧与格局、修为与坚守。

（三）仁与礼、节的关系

仁是一种行为、一种规范，一种内心的自我约束与遵奉，仁与礼，在儒家看来，就是互相统一、不可分割的。仁与礼，成为儒家教化人重要的方式与方法。因此，颜渊问如何去践行仁，具体的方法是什么时，孔子说"非礼勿视，非礼勿听，非礼勿言，非礼勿动"，要求不合乎礼的不去看、不合乎礼的不去听、不合乎礼的不去说、不合乎礼的不去做。一个人具备仁，表现在外，是克制、约束自己去信守礼节，对于不合乎礼仪规范的事，都不要去看它、听它、说它、做它。而一个人如果不仁，就无法践行作为人应有的礼义规范。因此，当司马牛问什么是仁、什么是君子时，孔子与之对话如下：

司马牛问仁，子曰："仁者，其言也讱。"

第一章
厚德载物的历史渊源和思想精要

曰:"其言也讱,斯谓之仁已乎?"子曰:"为之难,言之得无讱乎?"

司马牛问君子。子曰:"君子不忧不惧。"曰:"不忧不惧,斯谓之君子已乎?"子曰:"内省不疚,夫何忧何惧?"

司马牛忧曰:"人皆有兄弟,我独亡。"子夏曰:"商闻之矣:死生有命,富贵在天。君子敬而无失,与人恭而有礼,四海之内皆兄弟也。君子何患乎无兄弟也?"[1]

仁是一种行为、一种规范、一种内在自我约束,以及外在的对礼仪的遵奉,是一种由内及外的要求、由己及人的表现。所以,当弟子司马牛问孔子什么是仁时,孔子说仁就是要做到说话迟缓谨慎,以能充分地考虑到事情是否能做到,以免失信于人或信口开河、肤浅轻佻。为此,当司马牛继续问什么是君子时,孔子说做到不忧惧不恐慌,就是君子;当司马牛忧叹自己没有兄弟时,孔子的另一名弟子子夏安慰他说,如果成为一名认真做事、没有差失、恭敬,且做人合于礼节的君子,那么天下的人就都是你的兄弟,不必忧虑了。

---

[1] 〔魏〕何晏注、〔宋〕邢昺疏:《论语注疏》,〔清〕阮元校刻:《十三经注疏》下,上海古籍出版社1997年版,第2502—2503页。

二、宽仁柔敬

宽，从宀（mián），表示与房屋有关，本义指房屋宽敞，《说文》释"宽，屋宽大也"。宽在空间上指敞大，有余地不阻塞、不狭小，进而引申为人的度量能容众宽宏、厚大。宽，是爱人至诚、仁爱包容，是宽猛相济、宽严相辅。《尚书·皋谟》的"宽而栗"、《诗经·卫风·淇奥》的"宽兮绰兮"，指的就是胸襟气度的宽能容众、宽洪爱人。《尚书·尧典》载："柔远能迩，惇德允元。"宽与仁、孝相系，以仁为本，以柔、敬为表现。"柔远"之宽，厚德载物，使中华文化有容乃大。

（一）宽与仁相系，以仁为本

"宽"的厚德载物具有相当的普遍性。坤至柔，至静而德方。《尚书·尧典》赞扬尧的德行和政绩，由小及大，先把自己的家族治理好，继而把诸侯国内的各宗族治理好，最后达到团结各部族、各邦国的境界。

《周易》的乾卦，主张君子行世，要做到以宽、仁处之：

> "乾元"者，始而亨者也。"利贞"者，性情也。"乾"始能以美利利天下，不言所利，大矣哉！大哉乾乎！刚健中正，纯粹精也。六爻发挥，旁通情也。"时乘六龙"，以"御天"也。

第一章
厚德载物的历史渊源和思想精要

"云行雨施",天下平也。①

世界日月往来,寒暑交替,人类仰观天象,俯察地理。万物生存之源的天,是元始、是亨通。以乾为天,象征纯粹宇宙世界的广袤无垠,幽深玄奥,天是阳和健的。乾卦,是根据万物变通的道理,教导人求索天道、遵守天道。"乾"能生出万事万物,就在于具有创造万事万物、有利万事万物的大德。这种大德并不以言论说,但以其刚健中正、纯粹不杂、至精至诚,使六爻的运动变化,就像六条巨龙一样顺应时序,给大地万物带来了安宁祥和。人在认识世界,改造世界时,以天文观人文,以天德比人德,君子之仁德,就要做到"以成德为行",像天一样阳和健,成为一名刚健中正、德才两全的君子。"学以聚之,问以辩之,宽以居之,仁以行之。"君子要通过学习,多向人请教以明辨是非,以心存仁爱、胸怀宽广要求自己,即使是发生变化,也要耐心地等待良机,避免不利因素,坚定态度、积极行动,避免强硬过度,避免傲慢、粗暴。

与法家重"猛"不同,以"宽"表仁,是儒家的主张。孔子认为,施政的、在上位的人,如果能做到宽大仁厚、敏勉从事,才可能获得民众的心。主君有信,能推行公道,民众才可能信任于他、臣服于他。《论语·卫灵公》称:

---

① 〔魏〕王弼注、〔唐〕孔颖达正义:《周易注疏》,〔清〕阮元校刻:《十三经注疏》上,上海古籍出版社1997年版,第17页。

读懂厚德载物

> 躬自厚而薄责于人，则远怨矣。
>
> 君子求诸己，小人求诸人。
>
> 君子病无能焉，不病人之不己知也。
>
> 君子矜而不争，群而不党。
>
> 君子不以言举人，不以人废言。
>
> 众恶之，必察焉；众好之，必察焉。
>
> 其恕乎！己所不欲，勿施于人。
>
> 巧言乱德。小不忍，则乱大谋。[①]

孔子认为，责备自己严厉而对别人宽容，就可以远离人们的怨恨。君子应该担忧的是自己有没有才华能力，而不能忧虑于别人了不了解自己，认不认可自己。凡事能严格要求自己而宽以待人，才能成为真君子。因此，君子庄重宽容而不与人争执，合群而不结党营私，不根据一个人的言辞就推举他，也不因为一个人的品德不好而全部否定一个人一切言论；大家都厌恶一个人，一定要进行审察而不能轻易去否定或肯定一个人，大家都喜欢的人，也一定要进行审察；小的事情、无关原则的事情，要懂得忍耐，不要动不动就按捺不住。当弟子子贡问孔子有没有一个字可以终身遵奉的，孔子说大概就是一个"恕"字，即自己不愿意做的事情，不要加之于别人身上。

"宽则得众，敏则有功。"孔子主张如果端正自己的行为，管理

---

① 〔魏〕何晏注、〔宋〕邢昺疏：《论语注疏》，〔清〕阮元校刻：《十三经注疏》下，上海古籍出版社1997年版，第2517—2518页。

第一章
厚德载物的历史渊源和思想精要

政务就没有什么困难了。反之,如果自己都不能端正自己的行为,怎么可能要求别人端正行为呢?执政重点,第一是看重民众的饮食生活,第二是丧礼,第三是祭礼。孟子发扬了这种宽的主张,将仁爱推广到天下。《孟子·梁惠王上》称:"老吾老,以及人之老。幼吾幼,以及人之幼,天下可运于掌。""推恩足以保四海,不推恩无以保妻子。古人之所以大过人者无他焉,善推其所为而已矣。"在赡养自己的长辈时,不应该忘记其他人的长辈,在抚养自己的儿女、小辈时,不忘记对别人的儿女、小辈展现关爱……如果广施恩德,就可以安抚天下,反之则无法安抚天下。荀子也传承了对于宽的主张。荀子提出"杀人者死、伤人者刑""治则刑重,乱则刑轻""杀人者不死,而伤人者不刑,是谓惠暴而宽贼也"等重要观点。《荀子·正论》对"商汤周武是篡夺桀纣天下"说法发表议论,其中提出:世俗认为古代的治世没有肉刑,只有一些象征性的处罚,这是不正确的。处罚人的目的是惩暴,使罪人得到应有的惩罚。古代不是没有肉刑,而是罪与罚相称。

(二)宽与柔相关,以柔为表现

《说文》云:"枀,柔也。"树木具有曲直变化之态,曲者可直、直者可曲,所以"柔"。"柔",因而引申为人的性情温和、行为宽厚、声色和温。柔为"地道"的方法,又为治理之术的温和和变通。

《周易·系辞下》称:"夫乾,天下之至健也,德行恒易以知险。

夫坤,天下之至顺也,德行恒简以知阻。"① 与"乾"卦为天下最为刚健的象征相对的,"坤"卦是天下最为柔顺的象征。因而《周易·说卦传》继之而称:

> 昔者圣人之作《易》也,幽赞于神明而生蓍,参天两地而倚数,观变于阴阳而立卦,发挥于刚柔而生爻,和顺于道德而理于义,穷理尽性以至于命。……昔者圣人之作《易》也,将以顺性命之理。是以立天之道,曰阴与阳,立地之道,曰柔与刚,立人之道,曰仁与义。兼三才而两之,故《易》六画而成卦,分阴分阳,迭用柔刚,故《易》六位而成章。②

推原《周易》,于开篇即为"乾"卦,称:"乾,元,亨,利,贞。初九,潜龙,勿用。"乾卦,是创始、通达、适宜、正定之卦。元亨利贞为乾卦四德,法于四象四季春夏秋冬,乾为天为道为大,为太极,故之所谓"大人"者,"与天地合其德,与日月合共明,与四时合其序,与鬼神合其吉凶"。"坤"卦,称:"元,亨,利牝马之贞。君子有攸往,先迷;后得主利。西南得朋,东北丧朋,安贞

---

① 〔魏〕王弼注、〔唐〕孔颖达正义:《周易注疏》,〔清〕阮元校刻:《十三经注疏》上,上海古籍出版社1997年版,第90—91页。
② 〔魏〕王弼注、〔唐〕孔颖达正义:《周易注疏》,〔清〕阮元校刻:《十三经注疏》上,上海古籍出版社1997年版,第93—94页。

第一章
厚德载物的历史渊源和思想精要

吉。"① "象曰：至哉坤元，万物资生，乃顺承天，坤厚载物，德合无疆。"坤卦，是美德至极的大地，顺承天道、滋生万物、厚实地承载着万物，使阴阳相生、广大无边、亨通和顺。故之《说卦传》认为圣人创作《周易》，通过观察阴阳变化而立卦象，将天地客观万物中的刚柔两种性质发挥，生成阳爻、阴爻，象征通达于天下万物运行的普遍永恒规律。阴、柔，是相对于天之刚、健而必然的存在，也是万物万事中必然的规律与普遍的存在。坤厚载物，方能德合无疆；人而怀柔，方能合德于天。厚实博大的美德，既是君子的自强不息，又是君子的柔顺安正、含弘随和，以承载万物。

《诗经·周颂·时迈》，即以"怀柔"之德，称赞启武王协和王邦、兴旺王业。其中有曰：

> 时迈其邦，昊天其子之，实右序有周。薄言震之，莫不震叠。怀柔百神，及河乔岳，允王维后。明昭有周，式序在位。载戢干戈，载櫜弓矢。我求懿德，肆于时夏，允王保之。②

武王为天远行，巡视各邦，使得国兴邦旺，祭祀山川百神，荣光照耀周朝。他按照次序封赏，收起干戈和兵甲，讲求美好道德，遍施中国各方，使得王业永保兴旺。《毛诗序》说："《时迈》，巡守告祭

---

① 〔魏〕王弼注、〔唐〕孔颖达正义：《周易注疏》，〔清〕阮元校刻：《十三经注疏》上，上海古籍出版社1997年版，第17页。
② 〔汉〕郑玄注、〔唐〕孔颖达正义：《毛诗正义》，〔清〕阮元校刻：《十三经注疏》上，上海古籍出版社1997年版，第589页。

柴望也。"① "怀，来；柔，安。""柔远人"之"柔"，指一种树木。柔者，持安也。"柔"与"怀"组合成"怀柔"一词。正义曰："柔，安；迩，近；惇，厚。皆释诂文元善之长。"诗中的"薄言震之，莫不震叠"，写周武王的威力震慑各方；"怀柔百神，及河乔岳"，则写武王的德行感动山川百神。"震之""震叠"是顺应时势民心，"怀柔百神"，是安抚祭祀众神，也是顺应时势顺应民心。

孔子释《周易》，认为君子立德有四合，与天地合其德是第一点，要向天学习进取之心，也要向地学习包容之心，能容纳万物。季孙氏将要讨伐颛臾，对颛臾采取军事行动。冉有、季路拜见孔子。孔子责备冉有为什么要讨伐作为鲁国臣属的颛臾，冉有说季孙要这么干，孔子说作为臣子的冉有应该阻止这样的行为，冉有说不伐颛臾，后世一定会成为子孙们的忧虑。孔子批评冉有找借口。《论语·季氏》篇载道：

> 孔子曰："求！君子疾夫，舍曰欲之，而必为之辞。丘也闻有国有家者，不患寡而患不均，不患贫而患不安。盖均无贫，和无寡，安无倾。夫如是，故远人不服，则修文德以来之。既来之，则安之。今由与求也，相夫子，远人不服而不能来也；邦分崩离析而不能守也，而谋动干戈于邦内。吾恐季孙之忧，

---

① 颂是祭祀宗庙的乐歌，不仅配乐，而且有舞蹈。今存周颂三十一篇，既宣威又布德。据《国语》载，此诗为周公所作。

第一章
厚德载物的历史渊源和思想精要

不在颛臾,而在萧墙之内也。"①

"'远人',藩属国之诸侯也"(郑玄《礼记正义》),包含夷蛮戎狄在内的四方之民。孔子主张属国之诸侯不归服,就应该发扬文治教化来使之归服下来,使之安定下来,而不应该在国家已经四分五裂时,还在境内兴起干戈。华夏民族同属于"天下",没有夷夏之辨。因而,《中庸》又称:"柔远人""凡为天下国家有九经,曰修身也、尊贤也、亲亲也、敬大臣也、体群臣也、子庶民也、来百工也、柔远人也、怀诸侯也"。

对于"柔"的重视,更以道家"上善若水"为经典言论。《道德经》称:

上善若水。

水善利万物而不争,处众人之所恶,故几于道。

居善地,心善渊,与善仁,言善信,政善治,事善能,动善时。

夫唯不争,故天下莫与之争。

老子主张尊道、重道、守道,持守生命的自然、本然,以"崇柔贵弱"为生命追求、以"求生保真"为生命原则。在自然界万事万物

---

① 〔魏〕何晏注、〔宋〕邢昺疏:《论语注疏》,〔清〕阮元校刻:《十三经注疏》下,上海古籍出版社1997年版,第2520页。

中，老子最赞美水最欣赏水，认为最高境界的善就像是水德，没有固定的形体、没有固定的居所，随着外界变化而变化，川流不息、滋润万物。具备水德之人，保持沉静而深不可测，待人真诚而友爱无私，不争而不会招惹怨恨，所以没有过失没有怨咎。因而，水德之柔，是为大道之柔：

> 天下莫柔弱于水，而攻坚强者莫之能胜，以其无以易之。
> 强大处下，柔弱处上。
> 坚强者死之徒，柔弱者生之徒。
> 天下之至柔，驰骋天下之至坚。

老子推崇柔弱，认为水是最柔软的东西，天下再没有什么东西比水更柔弱了，而攻坚克强却没有什么东西可以胜过水。由此，他提出：凡是强大的，总处于下位，凡是柔弱的，总居于优势；刚强的东西，属于死亡的一类，柔弱的东西，属于生长的一类；天下最柔软的东西，总能驾驭天下最刚强的东西。为人方正但不绝世，处世有能力但不苛责别人，为人率直但不放肆，有了成就但不显摆。

（三）宽与敬相关，以敬为表现

敬，从攴，以手执杖或执鞭，表示敲打，有紧急、急迫之义。《说文》称："敬，肃也。"敬，本义恭敬，端肃。《礼记·曲礼》："毋不敬何允。"恭在外表，敬存内心，在貌为恭，在心为敬，恭敬

第一章
厚德载物的历史渊源和思想精要

谦让是为敬让，恭敬诚实是为敬诚，恭敬谨慎是为敬慎，敬慎谦逊是为敬逊，庄敬虔诚是为敬虔，都表现敬的慎重，不怠慢不苟且，恒自肃警，既敬既戒、慎始敬之。

首先，敬，在谦虚谨慎。

《周易·谦》载："谦：亨。君子有终。"① 谦卦象征着谦虚，认为君子如果保持谦虚的美德，就能得到美好的结果。其中《彖》曰：

> 谦，亨。天道下济而光明，地道卑而上行。天道亏盈而益谦，地道变盈而流谦，鬼神害盈而福谦，人道恶盈而好谦。谦，尊而光，卑而不可逾，君子之终也。②

谦卦的卦象是艮（山）下坤（地）上，为高山隐藏于地中之表象，象征高才美德隐藏于心中而不外露，所以称作谦。正如天以其光明、雨露滋养大地，大地处于低处但地气升腾而化育万物一样，天道的规律是亏损满盈而补益谦虚。君子要做到与天地合其德，就同样要做到亏损满盈而补益谦虚。正如《象》所说的："地中有山，谦；君子以裒多益寡，称物平施。"③ 谦谦君子，以谦卑自律自克，

---

① 〔魏〕王弼注、〔唐〕孔颖达正义：《周易注疏》，〔清〕阮元校刻：《十三经注疏》上，上海古籍出版社1997年版，第30页。

② 〔魏〕王弼注、〔唐〕孔颖达正义：《周易注疏》，〔清〕阮元校刻：《十三经注疏》上，上海古籍出版社1997年版，第31页。

③ 〔魏〕王弼注、〔唐〕孔颖达正义：《周易注疏》，〔清〕阮元校刻：《十三经注疏》上，上海古籍出版社1997年版，第31页。

读懂厚德载物

懂得权衡物事、公平行事，削减过多的、补充不足的，以使其平均。这样有功劳而谦虚的君子，天下都会信服他、追随他，有一个美好的结果。

故之，《周易》称："亢龙有悔。"[①] 上九的爻辞说，巨龙飞在极高的地位，就会产生悔恨的事情。孔子说，这像是一个尊贵的却没有实际地位的人一样，爬得越高越远离百姓，就越可能因为妄动而发生令其悔恨不已的事情。《周易》又称："潜龙勿用，下也。"[②] 潜伏的龙，不要施展才华。地位低下的时候，不要轻举妄动。

其次，敬，在恭谨持中。

恭，从心，本义恭敬，谦逊有礼。《尔雅》称："恭，敬也。"《礼记·曲礼上》疏称："在貌为恭，在心为敬。"恭敬，实诸内心、表诸行动。貌相恭敬且心存敬畏，才能做到真正的态度谨慎、温和自律。恭德，是一种大德。厚德载物，不可无谦恭之礼、谦恭之德。恭肃，是一种谨慎的状态，也是一种中和、和合的状态。合内外之道，就是表里如一。

"敬慎"一词，出自《诗经·大雅·抑》，其称："敬慎威仪，维民之则。"《诗经·大雅·皇矣》是周部族的开国史诗，记载太王、太伯、王季、周文王开疆拓土、强大国族的勋业，内容繁复，又重点描述了文王伐密、伐崇的两场战争，载曰：

---

① 〔魏〕王弼注、〔唐〕孔颖达正义：《周易注疏》，〔清〕阮元校刻：《十三经注疏》上，上海古籍出版社1997年版，第14页。

② 〔魏〕王弼注、〔唐〕孔颖达正义：《周易注疏》，〔清〕阮元校刻：《十三经注疏》上，上海古籍出版社1997年版，第16页。

第一章
厚德载物的历史渊源和思想精要

> 帝谓文王：无然畔援，无然歆羡，诞先登于岸。密人不恭，敢距大邦，侵阮徂共。王赫斯怒，爰整其旅，以按徂旅。以笃于周祜，以对于天下。①

《尚书·夏书·甘誓》就记载，夏王启与有扈将在甘这个地方进行大战，夏王启召见六军将领说，有扈氏"威侮五行，怠弃三正"（轻慢《洪范》大法，废弃正德、利用、厚生这三大政事），夏王启称上天要断绝有扈氏的国运，"今予惟恭行天之罚"——我替天行命，代天去惩罚有扈氏。夏王启也告诉六将们，如果他们不奉行命令，也会受到惩罚。而在《皇矣》前四章，殷商政令不符合百姓期待，天帝观照天地四方，体察民间疾苦灾殃，把岐山赐予周王。周王是明德君主，打败犬戎，兴邦开疆，美名传布，泱泱大国，万民亲附，延福子孙。到了引文中所述的内容，天帝对文王说：不要徘徊不要动摇、不要非分不要妄想，渡河登岸。密国人不恭敬顺从、狂傲侵扰、气焰嚣张，文王领军奋勇进剿，痛击敌人，使得百姓太平，顽敌不敢入侵，四方和乐陶陶。《毛诗序》："《皇矣》，美周也。天监代殷莫若周，周世世修德莫若文王。"民生福祉，有赖德音睿智、恭敬爱人，克顺克比。"帝度其心，貊其德音"的周部族就因为廉节好礼而受天命尊，但"密人不恭，敢距大邦"，所以要进行征讨，以护卫正义和天命。"恭"与"不恭"，成为有名无名、正义

---

① 〔汉〕郑玄注、〔唐〕孔颖达正义：《毛诗正义》，〔清〕阮元校刻：《十三经注疏》上，上海古籍出版社1997年版，第521页。

读懂厚德载物

与否的基本准则。这表明周从小部族发展壮大,依靠的是武力征伐,更是礼乐教化。周人以谦恭之礼德泽流长。恭而有礼,成为社会治理、君子行事的重要规范与要求。

孔子重视"敬事而信",强调君子修身立德,要做到欲讷于言而敏于行,要保持居敬而行简:

> 居处恭,执事敬。①
>
> 君子不重则不威,学则不固。主忠信,无友不如己者,过则勿惮改。②
>
> 君子敬而无失,与人恭而有礼。③

所谓"居处恭,执事敬",即要做到在居住时保持恭谨的态度,做事时表现恭敬谨慎状态。孔子认为,身为君子,如果言谈举止不庄重,就不能够显示出应有的威严,所学也就难以稳固,而行厚德仁政,则要做到敬慎修德、悯恤生民。为人要以忠诚守信为立身之本,不要与不如自己的人交往,有了过错就不要怕改正。基于威仪之重的重视,他主张君子要言语谨慎、行为敏捷。孔子提出,人如果花言

---

① 〔魏〕何晏注、〔宋〕邢昺疏:《论语注疏》,〔清〕阮元校刻:《十三经注疏》下,上海古籍出版社1997年版,第2507页。

② 〔魏〕何晏注、〔宋〕邢昺疏:《论语注疏》,〔清〕阮元校刻:《十三经注疏》下,上海古籍出版社1997年版,第2458页。

③ 〔魏〕何晏注、〔宋〕邢昺疏:《论语注疏》,〔清〕阮元校刻:《十三经注疏》下,上海古籍出版社1997年版,第2504页。

巧语、仪容伪善，为了取悦他人而无所不为，是不可能具备真正的仁德之心的。他认为，神色厉害而内心虚弱，用小人作为比喻的话，就好比是钻墙洞的盗贼那样行为鬼祟、心术不正。因此可知，孔子强调举止的庄重威严，是从道德正直的修炼当中得来的，发自内心的威仪而非色厉内荏、徒有虚表。"孔子并不把仁当做一个概念来下定义，也不是从文字上来训诂，他是从你的生活来指点，当下从心安不安来指点仁。这就不是用知识的态度来讲仁。"[1]

受孔子的思想影响，他的弟子注重自我省察。例如，曾子说"吾日三省吾身"。《论语·先进》载："门人不敬子路。"《礼记·大学》："为人臣，止于敬。"受儒家学说影响的后世士人也重视检视自我，如朱熹说："诚，实也。意者，心之所发也。实其心之所发，欲其一于善而无自欺也。"(《大学章句》)

最后，敬，在畏戒天命。

发挥"敬""诚"的重要作用，君子之心，常怀畏戒之意。畏就是敬畏、谨慎。《诗经·小雅·小旻》："战战兢兢，如临深渊，如履薄冰。"君子做事极为小心谨慎。

《周易·乾传》称，初九："潜龙勿用。"[2] 何谓也？子曰："龙德而隐者也，不易乎世，不成乎名，遯世无闷，不见是而无闷，乐则行之，忧则违之，确乎其不可拔，潜龙也。"初九的爻辞说，巨龙潜藏

---

[1] 牟宗三：《中国哲学十九讲》，上海古籍出版社2005年版，第43页。

[2] 〔魏〕王弼注、〔唐〕孔颖达正义：《周易注疏》，〔清〕阮元校刻：《十三经注疏》上，上海古籍出版社1997年版，第13页。

在水中的时候，不要发挥作用。孔子说，这是以龙指有品德而暂时隐居的人，他们不会因世俗而改变自己的品德、不会因侥幸而扬名于世，他们遁隐而不苦闷、埋名而不难过，具有坚韧的意志、阳刚的品德。

九二："见龙在田，利见大人。"① 何谓也？子曰："龙德而正中者也。庸言之信，庸行之谨，闲邪存其诚，善世而不伐，德博而化，《周易》曰'见龙在田，利见大人'。君德也。"九二的爻辞说，当巨龙出现在田间的时候，就是适宜见大人的时候。孔子说，有品德的人是立身中正的人，讲究信用、谨慎行事、真诚纯粹，有功于人、有惠于民却从不自我夸耀，以道德感化人心，至德至仁并且懂得进德修业，强健警惕，自律自克，整日勤勉健进，整天都保持警惕，以使自己免于灾害。

九三："君子终日乾乾，夕惕若厉，无咎。"② 何谓也？子曰："君子进德修业。忠信所以进德也。修辞立其诚，所以居业也。知至至之，可与几也。知终终之，可与存义也。是故居上位而不骄，在下位而不忧，故乾乾因其时而惕，虽危无咎矣。"

《论语》中载，孔子主张"三戒""三畏"：

> 孔子曰："君子有三戒：少之时，血气未定，戒之在色。

---

① 〔魏〕王弼注、〔唐〕孔颖达正义：《周易注疏》，〔清〕阮元校刻：《十三经注疏》上，上海古籍出版社1997年版，第13页。
② 〔魏〕王弼注、〔唐〕孔颖达正义：《周易注疏》，〔清〕阮元校刻：《十三经注疏》上，上海古籍出版社1997年版，第13页。

第一章
厚德载物的历史渊源和思想精要

及其壮也,血气方刚,戒之在斗。及其老也,血气既衰,戒之在得。"

孔子曰:"君子有三畏:畏天命,畏大人,畏圣人之言。小人不知天命而不畏也,狎大人,侮圣人之言。"①

"天命",中国古代没有宗教的形态,天命是指上天的意志,自然的安排;"大人",指有大德行的人。《周易·系传》记载:"夫'大人'者,与天地合其德,与日月合其明,与四时合其序,与鬼神合其吉凶。""圣人",是有大智慧、大德行、大成就的人。《周易·系辞上》载:"一阴一阳之谓道……显诸仁,藏诸用。鼓万物而不与圣人同忧,盛德大业,至矣哉!"②孔子说君子要心存三种敬畏:敬畏上天意志(自然规律)、敬畏德行高尚的人、敬畏有大智慧的人。反之,不知上天意志、不惧德高之人、无视智慧之人的人,都是小人而非君子。

孔子还说:

恭而无礼则劳,慎而无礼则葸,勇而无礼则乱,直而无礼

---

① 〔魏〕何晏注、〔宋〕邢昺疏:《论语注疏》,〔清〕阮元校刻:《十三经注疏》下,上海古籍出版社1997年版,第2522页。
② 〔魏〕王弼注、〔唐〕孔颖达正义:《周易注疏》,〔清〕阮元校刻:《十三经注疏》上,上海古籍出版社1997年版,第78页。

则绞。君子笃于亲，则民兴与仁，故旧不遗，则民不偷。①

郑玄注："中，犹忠也；和，刚柔适也；祗，敬；庸，有常也；善父母曰孝；善兄弟曰友。"杨叔达在《论语疏证》中说："本章言，勇而无礼则乱；直而无礼则绞。而《阳货篇》则曰，好直不好学，其蔽也贼；好勇不好学，其蔽也乱。勇之蔽同为乱，直之蔽同为绞。然则二章义实同。特彼言不好学，举其因，此章言无礼，明其果，为异耳。此知不好学者正谓不学礼也。"孔子在《礼记·仲尼燕居》中说："夫礼，所以制中也。"礼为求中之器。礼，制中。礼，亦为中，亦可以理解为度。因此，六言六蔽可以理解为：仁而不知度，愚蠢；智而不知度，放荡；信而不知度，贼害；直而不知度，绞伤；勇而不知度，祸乱；刚而不知度，狂傲。孔子所有的道德范畴，一言以蔽之，"中"而已。

三、修学习礼

《汉书·叙传下》有载："儿生亹亹（wěi，努力不懈的样子），束发修学。"修，从彡（shān），本义修饰、装饰，《说文》即谓"修，饰也"。《周礼·地官》注德与行的同异与联系时，指出："德行，内外之称，在心为德，施之为行。"所谓在心为德，施之为行。

---

① 〔魏〕何晏注、〔宋〕邢昺疏：《论语注疏》，〔清〕阮元校刻：《十三经注疏》下，上海古籍出版社1997年版，第2486页。

第一章
厚德载物的历史渊源和思想精要

以德的修养为导向，发挥功能作用，并与法律、政治等共同产生特殊的历史阶段特点、民族心理特点、社会治理作用。志，是"气之帅也"，要重气的养成，就要学习。志，从心，本义指志气，心之所向。《说文》称之为"意"，《国语》释之为"德义之府"。"思虑为志、欲之所使为志"。志及人性有关的讨论，构成中国传统儒学伦理的基础。要培育鸿鹄之志而非燕雀之志，就需要意志、器量、志向。所以说，自强不息，是君子的一种宝贵品格和秉性。君子承天地厚德载物之道，修德学习、终日乾乾，不断地使心灵刚毅、充沛强大，又常怀仁者之心，这是君子的成长方式。

（一）修，在修学、修智、修思

中国自古重视修学，周公日读百篇，孔子韦编三绝。学习，是修智、修志、修善的前提和基础。蒙学教育，自上古传承流衍。尧舜立于上而化成于下，设之以学校，以"小学"养"大学"，使孩童从"成人"至"成贤"。

许衡在《小学大义》中说："先之以'小学'者，所以立'小学'之基本；进之以'小学'者，所以收'小学'之成功也。""小学"，涉及教育的根本原则和方向，是最基础的格物致知，引导七八岁至十五岁的青少年学习。孔子就要求孩童学会礼、乐、射、御、书、数，从锻炼身体、礼仪教化、音乐、书法、艺术等方面培育技能、涵育性情，培养德性。理学大家朱熹编著《小学》，分内外两篇，内篇包括《立教》《明伦》《敬身》《稽古》，外篇包括《嘉言》

《善行》。外篇,以汉、唐尤其宋儒诸贤的孩童言行的引领和榜样,以教人成人。"小学"所学,乃"小艺""小节"。"小艺"教育,包括礼、乐、射、御、书、数,以"六艺"为主。"小艺"涉及的内容,包括日常礼仪、思想信仰、社会规范、情感体验、身体素养、知识技能等,因此称为"小节"。孩童到了十五岁,束发学"大学"。"大学"的教育主旨,在于教人以"成贤"和终身教育。这一时期孩童学的"大艺""大节",主要在于修习《诗》《书》《礼》《乐》《周易》《春秋》这"六经"及儒家的重要经典,涉及道德、伦理、哲学、历史、文学、艺术、典章制度等更专业的终身教育,使人走入社会、成家立业。

一个人的心灵、人格,将被如何塑造并且超越原初人性,需要在认识、情感、意志、言行等方面引领。这种漫长的过程,正如种子生长。从"小学"到"大学",是一个人博学、审问、慎思、明辨、笃行的不断发展和进步的过程,也是一个人以"治国平天下"为目标不懈修身、立德的过程。孔子主张修学养性。他与弟子讨论读书与实践关系,认为实践之前要先具备才华品性:

> 子路使子羔为费宰。子曰:"贼夫人之子。"子路曰:"有民人焉,有社稷焉。何必读书,然后为学?"子曰:"是故恶夫佞者。"[1]

---

[1] 〔魏〕何晏注、〔宋〕邢昺疏:《论语注疏》,〔清〕阮元校刻:《十三经注疏》下,上海古籍出版社1997年版,第2500页。

第一章
厚德载物的历史渊源和思想精要

"知",智也,指"明道达义,故能不为事物所惑"(钱穆《论语新解》)。知识的获得与修身的凭借,主要通过读书、实践实现,"知是行的主意,行是知的工夫;知是行之始,行是知之成"(《传习录》上)。孔子提出:"君子食无求饱,居无求安,敏于事而慎于言,就有道而正焉,可谓好学也已。"意思是说,人要好学,而且要享受当中的乐趣,以老实忠厚的态度对待学习,不断成长。所以,孔子提出:"知之为知之,不知为不知,是知也。"最后一个"知",通"智"。对于如何修学,孔子强调知道就是知道、不知道就是不知道。"自知不知",强调要用老老实实的态度做人做事、求学问知,这才是真正的智慧,但是智慧不是与生俱来的,而是通过修学实践获得的。

《论语》中,开篇第一篇,就是"学而"篇,第一则称:"学而时习之,不亦说乎?有朋自远方来,不亦乐乎?人不知而不愠,不亦君子乎?"《论语》,中,记载有关修学的丰富内容:

子曰:"十室之邑,必有忠信如丘者焉,不如丘之好学也。"①

子曰:"三人行,必有我师焉。择其善者而从之,其不善者而改之。"②

---

① 〔魏〕何晏注、〔宋〕邢昺疏:《论语注疏》,〔清〕阮元校刻:《十三经注疏》下,上海古籍出版社1997年版,第2475页。

② 〔魏〕何晏注、〔宋〕邢昺疏:《论语注疏》,〔清〕阮元校刻:《十三经注疏》下,上海古籍出版社1997年版,第2483页。

读懂厚德载物

> 吾十有五而志于学,三十而立,四十而不惑,五十而知天命,六十而耳顺,七十而从心所欲,不逾矩。①

孔子自陈,自己从十五岁开始,就有志于学,至三十岁能立身于世,四十岁洞察世事,五十岁乐知天命,六十岁能听得进意见从而深明世间大义,七十岁可随心所欲又不违反规矩。他认为,人与人之间性情是相似相近的,但彼此之间习性相差大;人非生而知之的,而是通过敏以求学,以读书增长才智。以五经之学为例,于《周易》验消长之机,于《尚书》察治乱之迹,于《诗经》辨邪正之界,于《礼记》见圣人行事之大经,于《春秋》见圣人断事之大权。孔子主张学无常师、转益多师、温故知新;主张见到有德行的人,向他学习,见到失德之行,就要自我省察。同时,他强调,人心的成长过程,是一个人性不断被开发、发挥的过程,"学而不思则罔,思而不学则殆"(《为政》),只是学习而不思考,就会迷惘,只是思考而不学习,就会困惑,要做到学思并行、学思并重。

在"思"与"学"之间,孔子主张"学"重于"思""学"是基础,通过"学"而能由博返约,并且温故而知新、下学而上达。

> 子曰:"不愤不启,不悱不发。举一隅,不以三隅反,则不

---

① 〔魏〕何晏注、〔宋〕邢昺疏:《论语注疏》,〔清〕阮元校刻:《十三经注疏》下,上海古籍出版社1997年版,第2461页。

第一章
厚德载物的历史渊源和思想精要

复也。"①

子曰:"君子有九思:视思明,听思聪,色思温,貌思恭,言思忠,事思敬,疑思问,忿思难,见得思义。"②

皇侃义疏:"愤,谓学者之心、思、义未得,而愤愤然也。悱,谓学者之口欲有所谘而未能宣,悱悱然也。""愤""悱",求通未通、欲达未达。"启"和"发"是互文,启发、开导、教导。老师施教的前提,是学生有求知欲望,求知欲越强,老师的施教效果就越好。孔子将修学和国家治理联系,肯定教育不可小觑的潜移默化之作用。他提出:"君子食无求饱,居无求安,敏于事而慎于言,就有道而正焉,可谓好学也已。"人的天性,本就有着趋利避害的一面。所谓饥而欲食、寒而欲暖、劳而欲息,是人性的自然表现。好色、好声、好味、好利,骨体肤理好愉佚,也是人的天性使然。道德、教育、修身对人的约束,表现在人向善一面的发展以及对天性的节制、克制。孔子的意思是说,人要好学,而且要享受当中的乐趣,以老实忠厚的态度对待学习,不断成长。孔子提出:"知之为知之,不知为不知,是知也。"孟子说君子之守,修其身而天下平。董仲舒的《通国身》提出:"气之清者为精,人之清者为贤。治身者以积精为宝,治国者以积贤为道。"保持应有气之清、人之贤,首先在性情的

---

① 〔魏〕何晏注、〔宋〕邢昺疏:《论语注疏》,〔清〕阮元校刻:《十三经注疏》下,上海古籍出版社1997年版,第2482页。

② 〔魏〕何晏注、〔宋〕邢昺疏:《论语注疏》,〔清〕阮元校刻:《十三经注疏》下,上海古籍出版社1997年版,第2522页。

克制。修气养性的关键,在于用大道大义、天地浩荡正气养化自己,以达厚德载物之境。

(二)修,在修志、修气、修德

"善"是美好的意思,古人认为,善是对于仁、德的遵行与追随。倾心、努力地学习,看到好事就效仿,有了错误就迅速改正,个人素质与思想境界由此不断提升。修养有道的君子"和而不同",不必在具体言行主张上,轻易苟同他人观点,勉强自己或他人屈从彼此。但得道之君子,重视人与人之间的和谐友善关系,同时保有自己的修身处世之道,能够周而不比,苏世独立。这是可以通过教育树立的为人的品性原则、礼仪规范、高洁之志,以及通过气质的变化不断规范自己的德行,从而做到明己职责、知道礼让、参与劳作、齐家善处、慎于交友。

自先秦开始,古人就倡导通过修养德性、变化"气色"来达到有远志、大志,以及使人身心康宁。周人观天象,看风雷交助,由此想到君子美善品行的互相增益,创造益卦。《周易·益》称:

> 象曰:"风雷,益;君子以见善则迁,有过则改。"
> 象曰:"元吉无咎,下不厚事也。"
> 象曰:"或益之,自外来也。"[1]

---

[1] 〔魏〕王弼注、〔唐〕孔颖达正义:《周易注疏》,〔清〕阮元校刻:《十三经注疏》上,上海古籍出版社1997年版,第53页。

第一章
厚德载物的历史渊源和思想精要

《周易·乾》称："乾道变化，各正性命。"①孔颖达疏："变，谓后来改前；以渐移改，谓之变也。化，谓一有一无；忽然而改，谓之为化。""气质"指风度、模样，"变化气质"则指通过修炼，使自己的风度、模样，在形态上产生新的状况。这种形态的新变，又基于本质上更改，而非一时之化。"变化气质"之学，乃在于自形态而至于本质上的更变，既是风度、模样的彰显，也是内心品性的涵养。因此，"见善则迁，有过则改"，意思是说一个人如果见到好的要学习改进，有了错误则要及时改正，从而使气质化育，才德充实。

《周礼·春官宗伯·大司乐》，以六种乐德教王族胄子、变化气质：

> 大司乐掌成均之法，以治建国之学政，而合国之子弟焉。凡有道者，有德者，使教焉，死则以为乐祖，祭于瞽宗。以乐德教国子，中、和、祗、庸、孝、友；以乐语教国子，兴、道、讽、诵、言、语；以乐舞教国子，舞云门、大卷、大咸、大磬、大夏、大濩、大武。以六律、六同、五声、八音、六舞、大合乐。以致鬼、神、示，以和邦国，以谐万民，以安宾客，以说远人，以作动物。②

---

① 〔魏〕王弼注、〔唐〕孔颖达正义：《周易注疏》，〔清〕阮元校刻：《十三经注疏》上，上海古籍出版社1997年版，第14页。

② 〔汉〕郑玄注、〔唐〕贾公彦疏：《周礼注疏》，〔清〕阮元校刻：《十三经注疏》上，上海古籍出版社1997年版，第787—788页。

读懂厚德载物

周人认为，与音乐相配合的礼仪，即聪慧睿智、达观大度又大智若愚。因而，大司乐掌管大学教学法，建立并掌理国家的学校政令，安排"国子"学习。凡有道艺德行之人，则安排在学校任教，死了奉之为乐祖并祭祀。用乐德教育的"国子"，具备如下德行：忠诚有加、刚柔得当、恭敬谨慎、孝顺父母、友爱兄弟。此外，用乐舞教"国子"《云门》《大卷》《大咸》《大韶》《大夏》《大濩》《大武》等舞，用六律、六同、五声、八音和六代的舞一起配合演奏，可以祭祀人鬼、天神、地神，使民众和谐、宾客安定、远人悦服。

孔子指出，性相近、习相远，要获得知识智慧，就要学习。《论语·阳货》篇记载孔子有关为学"六言六蔽"的一段对话：

> 子曰："由也！女闻六言六蔽矣乎？"对曰："未也。""居，吾语女。好仁不好学，其蔽也愚；好知不好学，其蔽也荡；好信不好学，其蔽也贼；好直不好学，其蔽也绞；好勇不好学，其蔽也乱；好刚不好学，其蔽也狂。"①

孔子问子路，是否听过用"六言六蔽"概括的六种品德、六种弊端。子路说没有听过，于是孔子解释说：喜爱仁爱而不爱学习的弊病是愚昧不明，喜爱聪明而不爱学习的弊病是放荡不羁，喜爱诚信而不爱学习的弊病是身受伤害，喜爱直率而不爱学习的弊病是偏激刻薄，

---

① 〔魏〕何晏注、〔宋〕邢昺疏：《论语注疏》，〔清〕阮元校刻：《十三经注疏》下，上海古籍出版社1997年版，第2525页。

第一章
厚德载物的历史渊源和思想精要

喜爱勇敢而不爱学习的弊病是作乱闯祸,喜爱刚强而不爱学习的弊病是狂妄悖理。朱熹《论语集注》说:"六言皆美德,然徒好之而不学以明其理,则各有所蔽。""好仁""好知""好信""好直""好勇""好刚"是孔子心目中的"六言",即"六德"。这"六德"各有其理,要养成和坚持,就必须好学,才能达到完善。一如晋朝葛洪《抱朴子·勖学》称:"耋少则志一而难忘,长则神放而易失,故修学务早,及其精专,习与性成,不异自然也。"亦如宋代李石题《扇子诗》曰:"颜子见善则迁,子路有过则改。懒则鲇鱼上竿,勤则大鹏跨海。"德之"升",要见善向善、见过改过,要注重通过学习来进行自我认识、自我教育、自我规范,否则很容易犯"六蔽"。

孟子入"经",学术界称之为"升格"①,而孟子倡导的人性论,进一步奠定儒家修己、自克的学说基础。《孟子》认为:

> 天将降大任于是人也,必先苦其心志,劳其筋骨,饿其体肤,空乏其身,行拂乱其所为,所以动心忍性,曾益其所不能。②

孟子提出"养心莫有善于寡欲"(《尽心下》),养至大至刚气。《孟子·公孙丑上》中,孟子弟子公孙丑问孟子的长处是什么,孟子说:

---

① 周予同:《孟子的作者与升格问题》,朱维铮:《周予同经学史论著选集》(增订本),上海人民出版社1996年版,第928页。
② 〔汉〕赵岐注、〔宋〕孙奭疏:《孟子注疏》,〔清〕阮元校刻:《十三经注疏》下,上海古籍出版社1997年版,第2762页。

"吾善养吾浩然之气。"公孙丑问什么叫浩然之气,孟子说,这是充满在天地之间,一种十分浩大、十分刚强的气,是用正义和道德日积月累形成的人间正气。这种气,浩然长存,使人足以面对外界一切的巨大诱惑,处变不惊,镇定自若。文天祥《正气歌》写道:"天地有正气,杂然赋流形。下则为河岳,上则为日星。于人曰浩然,沛乎塞苍冥……"浩然正气寄寓于宇宙间各种不断变化的形体之中。在大自然,便是构成日月星辰、高山大河的元气;在人间社会,天下太平、政治清明时,便表现为祥和之气;在国家、民族处于危难关头时,便表现为仁人志士刚正不阿、宁死不屈的气节。也就是说,"大丈夫"的境界,是通过气质的变化修养来变化出来的。清代王永彬撰写的格言类文集《围炉夜话》与《菜根谭》《小窗幽记》并称"立身三经",分221个条目,即以"安身立业"为总题,从道德、修身、读书、教子、忠孝、勤俭等多个方面揭示"立德、立功、立言",并指出"立业"为本。

(三)修,在慎独、慎行、慎礼

孔子主张以仁为最高代表的"道",但仁道不能只是一种空想、一种假说、一种思想,而是要"行之""出之""成之"。也就是说:思想是要产生功效、作用的,这样才能算得上是"通经"——"通经"不是只在学术层面上、思想层面上的长进与发展,而是要落实到"致用"上。《大学》规定修身的根本是"三纲领",是修炼光明之德,亲爱民众的境界,能够动机纯正、确立目标、定如磐石、

第一章
厚德载物的历史渊源和思想精要

身心淡定、周到思虑。君子进德修业,"君子先慎乎德。有德此有人,有人此有土""此谓诚于中,形于外,故君子必慎其独也"(《礼记·大学》)。《系辞下》载:"子曰:'危者,安其位者也。亡者,保其存者也。乱者,有其治者也。是故,君子安而不忘危,存而不忘亡,治而不忘乱,是以身安而国家可保也。'"[①]《周易》否卦九五爻辞曰:"其亡其亡,系于苞桑。"[②]否,指天地不交、万物不通,否卦的卦象为天地不交感、万物生养之道不畅通,君子需静待时机,积蓄力量,条件成熟,一击破局。否极泰来,需要"君子安而不忘危,存而不忘亡,治而不忘乱",在国家安定时仍然要有忧患意识、兢兢业业、防患未然,不忘危险、不忘败亡、不忘民本。

"礼",《说文》称:"履也。所以事神致福也。"礼的作用,表现为确定亲近、疏远、判断、裁决、同异、是非等区别,古人认为有礼者,乃"国之仁也"——礼,是经国家、定社稷、序民众、利后代的作用规范指引,有既定的实现程序和道德的实施表现,对不同身份、不同人群作了明确的言谈举止、服饰着装规约,不能违反,需要通过修养达到修智、修礼、修志、修德、修行。《尚书·洪范》称:"无偏无党,王道荡荡。无党无偏,王道平平。无反无侧,王道正直。"君子立身行事,大我高于小我、大公先于小私,安身立命、有为于世,要习礼重礼。对礼具体、丰富、多维的要求,具体到平

[①]〔魏〕王弼注、〔唐〕孔颖达正义:《周易注疏》,〔清〕阮元校刻:《十三经注疏》上,上海古籍出版社1997年版,第88页。

[②]〔魏〕王弼注、〔唐〕孔颖达正义:《周易注疏》,〔清〕阮元校刻:《十三经注疏》上,上海古籍出版社1997年版,第29页。

读懂厚德载物

日的社交生活和行为要求,同样可以在《诗经》《礼记·内则》《论语》等诸多篇章典籍中找到。如《诗经·大雅·瞻卬》有云:

天何以刺?何神不富?舍尔介狄,维予胥忌。
不吊不祥,威仪不类。人之云亡,邦国殄瘁!①

诗中提出,苍天为何责罚人间,神灵为何不庇护民众,是因为人们之间相互猜疑妒忌,遭受了宵难,人们不互相怜悯,纲纪败坏,人们也彼此装糊涂。这使得良臣贤士都逃离出国,国家危难而无人能够救助,人间频繁的危急之势越来越难抵挡抗拒。贤人君子,本来就是国家的栋梁,也代表邦国的元气所聚。但是,周幽王荒淫无道,祸国殃民,国家长年累月遭受病虫之害以致庄稼受毁,罪恶苦难、久不太平,大祸戕民、无以止境。诗人忧国悯时,疾恶如仇,仰望苍天,深沉发问:一是以"不吊不祥,威仪不类"比喻国家征兆,代表一个国家的元气已损,栋梁将倾的亡灭之迹;二是以"不吊不祥,威仪不类"比喻个人,代表人在世间难以寻到立身处世,形同行尸走肉。一旦离开了社会存在的既定风俗的"礼",人就失去了立根之基,威仪严肃的仪表、精神,自然就没有了着落之处。

有"礼仪三百,威仪三千","三礼"对礼法、礼义作了最权威

---

① 〔汉〕郑玄注、〔唐〕孔颖达正义:《毛诗正义》,〔清〕阮元校刻:《十三经注疏》上,上海古籍出版社1997年版,第578页。

第一章
厚德载物的历史渊源和思想精要

的诠释。"三礼",一指祭祀天、地、宗庙之礼,一指《仪礼》《周礼》《礼记》这三部儒家经典,强调君子成人、成性,以有为行世、以本心立信仰,需要讲究礼乐文化,尤其表现中国哲学以生命实践为基的特点。以古祭天、地、宗庙之礼为例:

> 帝曰:"咨!四岳,有能典朕三礼?"(孔传:"三礼,天、地、人之礼。")①
>
> 唐、虞之时,祭天之属为天礼,祭地之属为地礼,祭宗庙之属为人礼。②
>
> 杨太史用宾《致知小语》云:《周礼》、《仪礼》、《大戴礼》,曰《三礼》;丧礼、葬礼、祭礼,亦曰三礼;天神、人鬼、地祇,亦曰三礼。③

以《仪礼》《周礼》《礼记》这三部儒家经典为例。《仪礼》又称士礼,主要是冠、昏、丧、祭、朝、聘、燕享等典礼的详细仪式,阐述春秋战国时期士大夫阶层的礼仪和以"亲亲尊尊"为原则的有等差的人伦礼仪,可以考见古代宫室、舟车、衣服、饮食、宗教信仰、亲族制度、政治组织和外交方式等。《周礼》又名《周官》,分"天官冢宰""地官司徒""春官宗伯""夏官司马""秋官司寇""冬

---

① 〔汉〕孔安国传、〔唐〕孔颖达正义:《尚书正义》,〔清〕阮元校刻:《十三经注疏》,上海古籍出版社1997年版,第131页。
② 〔唐〕魏徵等:《隋书》,中华书局1973年版,第105页。
③ 〔清〕王士禛:《池北偶谈》,中华书局1982年版,第380页。

官司空"六篇四十二卷，被称为"周公致太平之迹""太平经国之书"，记载古代设官分职的政典，保存了西周和春秋战国时期的重要史料。《礼记》是战国至秦汉年间儒家学者解释说明经书《仪礼》的文章选集，分十七篇四类，以《特牲馈食礼》《少年馈食礼》《有司》记祭祀鬼神，以《丧服》《士葬礼》《既夕礼》《士虞礼》记丧葬之礼；以《士相见礼》《聘礼》《觐礼》记宾主相见之礼；以《士官礼》《士昏礼》《乡饮酒礼》《乡射礼》《燕礼》《大射礼》《公食大夫礼》记冠昏、宾射、燕飨之礼。以《礼记》对"礼"的具体内容，明确规定如何立身行事，包括婚嫁、祭祀、丧葬、朝聘等。如：

> 夫礼，始于冠，本于昏，重于丧祭，尊于朝聘，和于射乡，此礼之大体也。①
>
> 夫礼者，所以定亲疏，决嫌疑，别同异，明是非也。②
>
> 君子之教喻也，道而弗牵，强而弗抑，开而弗达。道而弗牵则和，强而弗抑则易，开而弗达则思。和易以思。可谓善喻矣。③

---

① 〔汉〕郑玄注、〔唐〕孔颖达疏：《礼记正义》，〔清〕阮元校刻：《十三经注疏》，上海古籍出版社1997年版，第1681页。
② 〔汉〕郑玄注、〔唐〕孔颖达疏：《礼记正义》，〔清〕阮元校刻：《十三经注疏》，上海古籍出版社1997年版，第1231页。
③ 〔汉〕郑玄注、〔唐〕孔颖达疏：《礼记正义》，〔清〕阮元校刻：《十三经注疏》，上海古籍出版社1997年版，第1523页。

第一章
厚德载物的历史渊源和思想精要

君子有别于小人的,还在于容貌、仪表、内心的不断修炼提升,能够容止威仪,成为人们的榜样。对于君王、士夫应该怎么行身处世,父与子、夫与妻、姑与嫂应该怎么相交共处,才能表现以敬修身?《左传》提出具体说法:

> 君令臣共,父慈子孝,兄爱弟敬,夫和妻柔,姑慈妇听,礼也。君令而不违,臣共而不贰,父慈而教,子孝而箴,兄爱而友,弟敬而顺,夫和而义,妻柔而正,姑慈而从,妇听而婉,礼之善物也。

但"礼"发展到宋明时期,相对消极的内容不断被封建统治者强化,表现的宗法伦理及相应的繁文缛节、等级森严,束缚了人的言行、违背了人性的自然、扼杀了人的自由,导致人们的反抗与抵制。科举制度的僵化更使大量士子迷心于功利名禄,所力者,八股八韵八法,《二十年目睹之怪现状》第二十回即有载:"一个是秀才,却是八股朋友,作起八韵诗来,连平仄都闹不明白。"读书人把四书、五经背得滚瓜烂熟,但在头脑禁锢中不但束缚了思维方式和才能发挥,更不再重视品德与气格的修炼提升。《宋书·后废帝纪》另载:"三年秋冬间,便好出游行,太妃每乘青篾车,随相检摄。昱渐自放恣,太妃不复能禁。""威仪",指的是一个人的服饰仪表。比如,刘祁《归潜志》称,张行信"为人简朴,不修威仪"。"检摄威仪",指的是一个人要在服饰、仪表上自律自省。检摄威仪指君子

读懂厚德载物

以品性、礼节、威仪立身，表现其昭昭才德、浩然正气。一个国家及其民众，只有检摄威仪，才不会出现不祥之征。其中，所谓检摄，指的是约束监督之意。

一个人如果不读书修身，就没有精神气血，缺乏气格风骨，难以独立于世、无有作为。一个人要养成良好的品德修养，就必须把精、气、神作为修身的基本要素，把谨慎地求学、交友、为人、处世作为基本立场，在实践中不断自我变化、自我超越。律己、恭行、修身，以心为本。修身、实践、实学，以修心为本。修心，是古人立身处世之本，当代人、未来人同样必不可少的。修身是人从潜在的人，成长为成熟的人、真正的人的必需。

综上，讨论厚德载物的历史渊源和思想精要问题，需要看到的是：中国文化的"反本开新"之"本"，是以儒家为主体的传统文化。[①] 儒家重仁义礼智这"四德"，以之形成思想体系、伦理道德，反对离心离德的暴政。对于道的追随、对于德的谨奉，是中华优秀传统文化重要要义。事实上，以董仲舒、司马迁、韩愈、柳宗元、范仲淹、王安石、苏轼、司马光为代表，始终不懈地上下求索，求古仁人之心，潜心修炼。这使得自上古以来、自儒家以来的"仁者无敌"的王道政治，真正植根于中国传统。对于唐尧、虞舜太平盛世的追慕，对于周公吐哺、天下归心的境界瞻仰，对于孔子综述尧舜并且开创儒家学说的仁义礼智信的传承等，成为为政者的一种责任、理想、追求、垂范。其中，又以朱熹以"爱之理""心之德"之

---

① 《反本开新——汤一介自选集》，首都师范大学出版社2008年版，第277—278页。

第一章
厚德载物的历史渊源和思想精要

仁为代表,继承孔子仁者爱人、孟子以心言仁的传统的影响;以张载"心统性情"的思想为典型,统摄"爱之理""心之德"的追求,"一方面突出了仁作为道德法则的含义以及仁的天理本体的形上内涵,另一方面突出了仁心作为道德主体的粹然至善"①。因此,厚德载物成为中国传统儒学的基本范畴,直到中国近代,仍然产生深远广泛的影响。谭嗣同、鲁迅、孙中山等前辈,就是沿着这样一条道路继续发展厚德载物的哲学理念、学说体系,不仅传承道德理想和人文情怀,而且融入自由、独立、平等、博爱的近代思想观念,意义重大。中国式现代化,则更进一步"赋予中华民族传统文明以现代力量、时代特征,中华民族传统文明赋予中国式现代化以深厚底蕴、文化根基"②。因此,无论是中国哲学的究天人之际,通古今之变的品质与特性,还是儒家思想的"为天地立心、为生民立命、为往圣继绝学、为万世开太平"的境界与追求,都展示着中华民族数千年来对于厚德载物之理想信念的追求与传承。

---

① 赖尚清:《朱子以"爱之理""心之德"训"仁"的内涵及其意义》,《哲学研究》2020 年第 12 期,第 55 页。
② 陈金龙:《中华民族现代文明的生成、特质与价值》,《中国社会科学》2023 年第 8 期,第 17 页。

第二章

马克思主义理论与厚德载物的契合性

第二章
马克思主义理论与厚德载物的契合性

"天行健,君子以自强不息"是对乾坤两卦物象的解释。乾代表天、坤代表地,天的运动刚强坚毅,地的气势厚实和顺;天象征奋发向上,地象征容载万物。古人在天与地的对应和辩证关系中进一步道出人生哲理,以天地分别代表两种品质与品德,即君子应像天一样刚健不屈、奋发向上,也应像大地一样顺随形势、增厚美德,以宽厚的胸怀包容万物。延伸到社会治理领域,厚德载物,一方面,体现了政党、政府之德载万民所求的民本思想;另一方面,体现了以一国之"德"协和万邦所需的价值追求。这两方面,无不与马克思主义的人民立场和道德观相契合。

读懂厚德载物

第一节　马克思主义人民立场与厚德载物的民本思想相契合

厚德就是要胸怀博大,"处世接物坦焉无所芥蒂"。厚德之厚体现在大度容人,更体现在"大其心,容天下之物"。"坦焉无所芥蒂"意味着秉持公心正道,去除私心杂念,看淡个人得失,以一片至诚将爱国之情化为报国之行,作出"仰不愧于天,俯不怍于人"的业绩。这一方面是对个人提出了道德层面的要求,另一方面也是更重要的,是要求一个地区的官员,秉持"公心",作出有利于社会,有利于人民的业绩。抽象地说,只有一个国家的本质是"厚德"的,性质是为了人民的,其所聘任的官员、干部等社会治理人员才会有符合国家性质的"初心""公心"。而这,与马克思主义要求建立人民民主的国家,继而废除国家,建立自由人联合体这一理念,内在契合。

坚持人民的主体地位是马克思主义世界观和方法论来认知世界和改造世界的基本立场、基本观点和基本方法,它在根本上区别于以往的哲学家、神学家、宗教学家对人民地位的判识。打破充满阶级压迫的旧制度,建立实现人民幸福的新制度,是马克思、恩格斯

第二章
马克思主义理论与厚德载物的契合性

理论创造与实践探索的永恒主题。

一、马克思主义的"初心"与厚德载物的"公心"相契合

马克思主义寻求建立共产主义社会的初心,与厚德载物要求整个社会秉持"公心"相契合,都要求更高的社会包容度。马克思、恩格斯向来认为,导致官员"私心"泛滥的根本原因,是私有制的存在。从西欧封建时起,整个社会的行政官僚实际上是一个"特殊的闭关自守的集团",具有超越国家和人民的普遍利益之上的"特殊利益",必然诱发官僚腐败。国家仅仅是官吏们运用的形式和工具,攫取私人利益或集团利益才是其内容和目的。马克思不仅指出,君主制度中的单个官僚具有腐败性,认为"就单个的官僚来说,国家的目的变成了他的个人目的,变成了他升官发财、飞黄腾达的手段"[1],而且马克思还认为,君主制度的整个官僚机构具有腐败性:

> 既然官僚机构把自己的"形式的"目的变成了自己的内容,所以它就处处同"实在的"目的相冲突。因此,它不得不把形式的东西充作内容,而把内容充作形式的东西。国家的任务成了例行公事,或者例行公事成了国家的任务。[2]

---

[1]《马克思恩格斯全集》第1卷,人民出版社1956年版,第302页。
[2]《马克思恩格斯全集》第1卷,人民出版社1956年版,第301—302页。

而当封建私有制演变为资本主义私有制时,官僚腐败的主角也由封建势力转变为资产阶级。马克思主义认为,在资本主义制度框架中,无论在技术层面采取什么手段,也无法根除官僚腐败。

> 社会为了维护共同的利益,最初通过简单的分工建立了一些特殊的机关。但是,随着时间的推移,这些机关——为首的是国家政权——为了追求自己的特殊利益,从社会的公仆变成了社会的主人。……正是在美国,同在任何其他国家中相比,"政治家们"都构成国民中一个更为特殊的更加富有权势的部分。在这个国家里,轮流执政的两大政党中的每一个政党,又是由这样一些人操纵的,这些人把政治变成一种生意,拿联邦国会和各州议会的议席来投机牟利,或是以替本党鼓动为生,在本党胜利后取得职位作为报酬。①

恩格斯在《法兰西内战》的序言中生动地总结了这篇文章的主旨,通过详尽描述梯也尔在巴黎公社成立前后的投机与贪婪、残忍与愚蠢,进而说明资产阶级政府的官僚主义及其他弊病,是来源于个人利益凌驾于集体利益之上,是来源于私有制。只要占统治地位的资产阶级掌握着强制性的物质力量并掌控着意识形态,那么议会民主制就只能是行政权力的装饰品,就只能是资产阶级争夺个人利益或者阶级利益的工具。虽然在反封建的过程中,资产阶级向人民

---

① 《马克思恩格斯文集》第3卷,人民出版社2009年版,第110页。

第二章
马克思主义理论与厚德载物的契合性

承诺要建立"理性的国家",但是事实上,资产阶级在革命胜利后所建立的不过是资产阶级的理想化王国,平等自由仅仅成为资产阶级的平等自由。虽然市民社会已经从国家体系中独立出来,但是资产阶级并不能成为它所标榜的整个"受苦难人类的代表",而仅仅是"某一特殊的阶级的代表"。他们控制了社会的公共权力(包括行政权、社会事务管理权等),掌握了政治上层建筑(如军队、警察、法庭、监狱等)和思想上层建筑(如哲学、宗教、道德等)。凌驾于社会之上的资产阶级国家,是"一切龌龊事物的温床",不可避免地陷入贪污腐败的泥沼。人们按照资本主义生产方式所造就的生活习惯和方式在社会上扮演自己的角色,虽然看似比封建社会时期拥有了更多的自由,但在社会钳制下,人们享有的自由都是由资本逻辑筛选过的控制自己的工具。

与之相似,中华传统文化中对于厚德载物的诠释,也与马克思主义对于资本主义私有制的批判如出一辙,都是希望能够建立一个包容度更高的社会,和培养包容他人的人。厚德载物思想的核心精神内涵是宽厚仁爱、包容万物。《象传》云:"至哉坤元,万物资生",大地之德宽厚仁爱,无私而载,《易·说卦》有言:"立人之道,曰仁与义",人道即为"仁义",《系辞二》曰:"安土敦乎仁,故能爱",意为安于所处的环境,敦行仁道,才能泛爱天下,这便是《周易》中仁爱思想的深刻反映。仁爱是厚德载物思想中所提倡的道德行为准则,亦是儒家思想体系的核心,即仁者爱人的理想目标和为仁之方的行动实践。《吕氏春秋·不二》精辟总结"孔子贵仁",

读懂厚德载物

即孔子将"仁"上升为道德自律的最高境界,故有"仁者爱人"的阐发,继而有"己欲立而立人,己欲达而达人"的为仁之方。厚德载物思想中仁爱的道德准则,蕴含"亲亲""仁民""爱物"由近及远的推广。孟子曰:

> 君子之于物也,爱之而弗仁;于民也,仁之而弗亲。亲亲而仁民,仁民而爱物。

可知"仁爱"是"大地之德"由自我及他者、由"爱亲"及"泛爱众",由爱人及爱万物,由"小我"及"大我"的厚重情怀。"厚德载物"是修身做人的根本遵循,是道在内心中的持续践行。《周易·文言传》提到,子曰:"君子进德修业。"孔颖达疏:"德,谓德行;业,谓功业。"意思是君子要不断提高道德素养,扩大功业建树。厚德载物的内涵非常丰富,既具有海纳百川、和而不同的包容开放精神,也蕴含宽以待人、反求诸己的宽恕自省态度和贵柔守雌、上善若水的谦卑和平品质。厚德载物表现为"宽以待人、反求诸己"的宽恕自省心态。宽以待人就是要以宽宏大度的心态去宽恕别人。《论语》中关于"恕"的论述,既有忠恕之意,也有宽恕的内涵。如曾子说:"夫子之道,忠恕而已矣。"曾子认为孔子一以贯之的道,其实就是"忠"和"恕"罢了,即孔子所倡导的"仁"的两个层面。有一次,子贡问孔子:"有一言而可以终身行之者乎?"孔子回答说:"其恕乎!己所不欲,勿施于人。"孔子又强调了"恕"是可以毕生

第二章
马克思主义理论与厚德载物的契合性

去实践和努力的道德品质,其中"恕"的内涵就是自己不喜欢的,也不要强加给对方,方法在于推己及人,即"因己之不欲,推以知人之不欲",展现了基于换位思考、将心比心的宽恕精神。在"宽以待人"的基础上,中国古人对"反求诸己"的道德修养颇为推崇。如果说宽恕和原谅他的过错是很高的境界,那么反求诸己、看到别人的问题能够反思自身的问题,就是更高的境界。孔子所说的"躬自厚而薄责于人,则远怨矣",就包含多责备反省自己的问题,而宽容别人的意思,如此才能远离怨恨。孔子还说:"君子求诸己,小人求诸人。"君子与小人的区别在于君子反求自己,小人苛求他人。

爱人不亲,反其仁;治人不治,反其智;礼人不答,反其敬。行有不得者皆反求诸己,其身正而天下归之。①

凡是行为遇到问题,不能达到目标的,首先要返回自身寻找问题,而不是向外求全责备。自身的德行端正,天下之人自然会尊敬和归服。因此,反求诸己是更高层次的精神境界,也是圣贤君子对心性修养和道德准则的行动实践。

---

① 〔汉〕赵岐注、〔宋〕孙奭疏:《孟子注疏》,〔清〕阮元校刻:《十三经注疏》下,上海古籍出版社1997年版,第2718页。

二、马克思主义人民史观与厚德载物的敬德保民思想相契合

马克思主义坚持人民史观与厚德载物要求的敬德保民相契合。马克思主义认为人民群众是历史的创造者。马克思提出,历史的创造者是人民群众,那么,历史活动也是人民群众的活动,随着历史活动的不断壮大,人民群众的队伍也必将逐渐深入而扩大。这里首先要区分两对概念。一是历史的参与者和历史的创造者。历史的参与者,是指凡是从事一定认识活动和实践活动的人;历史的创造者,是指那些既能体现历史规律及其发展趋势又能推动社会发展的人。历史的参与者一定包括历史的创造者,但是历史的参与者未必就是历史的创造者。二是杰出人物和普通人物。针对历史发展的主体力量问题,历来存在杰出人物和普通人物之争。而马克思、恩格斯从整体性的视角论证了人民群众才是历史发展的根本性或者原根性动力。在马克思、恩格斯看来,杰出人物对社会的发展过程具有助推作用,但杰出人物不能谱写整个历史,整体的历史需要人民群众去创造。正如恩格斯所说:

> 无论历史的结局如何,人们总是通过每一个人追求他自己的、自觉预期的目的来创造他们的历史,而这许多按不同方向活动的愿望及其对外部世界的各种各样作用的合力,就是历史。[①]

[①] 《马克思恩格斯选集》第4卷,人民出版社2012年版,第254页。

第二章
马克思主义理论与厚德载物的契合性

即是说，就每个人而言，单个个体都可以通过自己的人生经历创造他们的"小历史"，但是个人的历史终究是不能代表整个社会的历史的。要想对历史创造者这个问题进行深入探究，首先必须将个人的历史纳入整个社会历史中考察。因此，推动整个社会历史的发展靠的不是个体的力量而是全部人民群众的力量。马克思在《神圣家族》中提出："历史活动是群众的活动，随着历史活动的深入，必将是群众队伍的扩大。"[①] 人民群众才是推动历史发展的主人，人民群众的心愿代表着历史发展的大趋势。

> 如果要去探究那些隐藏在——自觉地或不自觉地，而且往往是不自觉地——历史人物的动机背后并且构成历史的真正的最后动力的动力，那么问题涉及的，与其说是个别人物、即使是非常杰出的人物的动机，不如说是使广大群众、使整个整个的民族，并且在每一民族中间又是使整个整个阶级行动起来的动机；而且也不是短暂的爆发和转瞬即逝的火光，而是持久的、引起重大历史变迁的行动。[②]

除此之外，列宁始终认为为无产阶级和广大人民群众谋利益是无产阶级政党的根本宗旨。他深深地知道，正是广大人民群众的推动力，才使得俄共（布）能够在内忧外患中走上历史的舞台，并取

---
① 《马克思恩格斯文集》第1卷，人民出版社2009年版，第287页。
② 《马克思恩格斯文集》第4卷，人民出版社2009年版，第304页。

得革命的胜利。执政党只有时刻保持人民群众的血肉联系，才能巩固新生的苏维埃政权。俄共（布）领导的十月革命之所以能在集各种矛盾于一身的俄国率先取得胜利，尽管革命前后乃至时至今日都有各种各样的不同争论，但是俄共（布）打着"土地""面包""和平"的旗帜，赢得了人民的拥护，其为最广大人民群众谋利益的宗旨是不可否认的。

>对于一个人数不多的共产党来说，对于一个作为工人阶级的先锋队来领导一个大国在暂时没有得到较先进国家的直接援助的情况下向社会主义过渡的共产党来说，最严重最可怕的危险之一，就是脱离群众，就是先锋队往前跑得太远，没有"保持排面整齐"，没有同全体劳动大军即同大多数工农群众保持牢固的联系。[①]

1918年4月，列宁简要回顾了俄共（布）的发展历史及其经历的几次重要转折。他指出，任何一个代表未来的政党第一个任务就是要通过宣传教育的方式让大多数人民相信自己政党纲领和策略的正确性，只有这样人民群众才能跟着其前进。列宁在俄共（布）获得执政地位后就提出："现在我们应当管理俄国。目前时局的全部特点，全部困难，就是要了解从主要任务是说服人民和用武力镇压剥

---

① 《列宁全集》第42卷，人民出版社2017年版，第372页。

第二章
马克思主义理论与厚德载物的契合性

削者转到主要任务是管理这一过渡的特征。"① 列宁提醒全党要时刻牢记为人民群众谋利益的宗旨，提醒全党要正确表达人民的想法，倾听人民的呼声。

而德政是厚德载物思想在中国传统政治文化中的鲜明体现。《尚书·正义·太甲下》指出："德惟治，否德乱"，可见"德"在中国古代政治思想中居于举足轻重的位置，关系到一个国家的治乱兴衰。"德"的观念自西周始就逐步居于政治思想的中心地位，周人深刻总结了夏商两代的政治教训，并对"天命"作了新的解释，认为"天命靡常"，强调"以德配天"，同时对宗教祭祀之礼不断加以完备化、制度化、法典化，并赋予它以道德的内容。周人对"以德配天命"观念的强化，体现了很强的政治道德化内涵，在这种观念下，"天"不再只是自然之天、主宰之天，而是有了道德之天的含义。周公反复强调"明德""敬德"等思想，如"克明德慎罚""肆惟王其疾敬德""皇自敬德"等，这里的"德"主要是指政治上的德政。他进一步总结了具有德行的统治者的具体目标，即"敬德保民"。

呜呼！天亦哀于四方民，其眷命用懋。王其疾敬德！②
以王之仇民、百君子，越友民，保受王威命明德。③

---

① 《列宁全集》第34卷，人民出版社2017年版，第155页。
② 〔汉〕孔安国传、〔唐〕孔颖达正义：《尚书正义》，〔清〕阮元校刻：《十三经注疏》上，上海古籍出版社1997年版，第212页。
③ 〔汉〕孔安国传、〔唐〕孔颖达正义：《尚书正义》，〔清〕阮元校刻：《十三经注疏》上，上海古籍出版社1997年版，第213页。

"敬德保民"的理念十分强调"以德配天",这就必然要求统治者既要安定社稷,更要安定百姓。传统社会礼治秩序的确立更加注重在现实政治世界中实现和谐稳定,更加要求统治者体现"以民为本"的治理理念。"敬德"的根本是"保民",周要"受天永命",不仅要保护百姓,还要对所有民众一视同仁。这样结合历史与现实形成的"天命"依德转移说克服了当时意识形态方面的危机,在当时条件下合理地解释了殷亡周兴的历史大变革,这对于安定周初社会以及决定中国政治此后几千年的价值取向,都起到了至关重要的作用。推行德政与否关系着王朝的生死存亡,这是周初天命转移理论的结语。它来自对夏商周三代兴替的历史认识:桀、纣之所以灭亡,原因在于"惟不敬厥德";汤、武之所以取得天下,原因在于"克明德慎罚"。结论就如此清晰地摆在人们面前,"德"就是这样重要,有了它,民众才会安和,上天才会保佑,王权才能长久。必须没有任何疑问地实施德治,这是发展的需要,更是生存的需要。古代中国,君主与民众处在利益的两极,重视百姓的观点针对的是防止中饱阶层的形成。反对中饱官僚集团欺上压下,是专制体制反腐败的重要任务。中国古代保民思想的价值及其局限性都在于此。

三、马克思主义关于人民管理者的思想与厚德载物对官员的要求相契合

马克思主义对"人民管理者"的要求与厚德载物对中国古代官

第二章
马克思主义理论与厚德载物的契合性

员的要求内在契合,都突出对心怀"大家"的追求,具体而言,都强调了廉政。马克思主义坚持认为,人民政权的建立不是终点,而是另一个伟大目标的起点,所以,"工人阶级不能简单地掌握现成的国家机器,并运用它来达到自己的目的",无产阶级应当打碎、摧毁"现成的国家机器",而不只是简单地夺取这个机器。破坏官僚军事国家机器是任何一次真正的人民革命的先决条件,因为,长久以来,人民深受官僚军事国家机器的压迫、摧残和剥削。不仅如此,把官僚军事国家机器打碎是无产阶级在革命中对待国家方面的主要任务。而如何打碎一个旧机器,如何建立一个新政权,"人民管理者"在其中起到重要作用。

列宁认为,一方面人民群众要积极主动地从社会实践中学习民主,学习如何掌管全部的国家政权;另一方面无产阶级政党要发动群众有成效地、直接地、普遍地参加国家管理,或者说国家的管理要发挥群众的积极作用。只有这样,才能保证无产阶级革命的完全胜利,保证社会主义事业的稳步前进。

> 人民需要共和国,为的是教育群众实行民主。不仅仅需要民主形式的代表机构,而且需要建立由群众自己从下面来全面管理国家的制度,让群众有效地参加各方面的生活,让群众在管理国家中起积极的作用。[1]

---

[1]《列宁全集》第29卷,人民出版社2017年版,第287页。

读懂厚德载物

要永葆这些"人民管理者"的人民性,就不能使其堕落腐化。列宁早在十月革命前就对当时的"职业革命家"个人品质进行了规划,寄托了殷切希望:"要求每个人都要有极大的耐心,有高度的自我牺牲精神,要求把全副精力贡献给一种不显眼的、单调的工作,它要求和同志们断绝来往,要求革命者把全部生活服从枯燥和严格的规定。"[1] 俄共(布)在十月革命后,列宁就已经意识到,单纯靠"职业革命家"管理苏维埃已经不现实,还是要将建设的希望寄托于"党的干部"。但即便如此,苏共党内还是出现了奢靡浪费的现象,1922年3月6日,列宁在有关会议上对有些干部不注意节约开支的行为进行了批评。

> 他们不关心节省他们得到的每一个戈比,更不设法把一个戈比变成两个戈比,而是去制定开支数十亿乃至数万亿苏维埃卢布的计划。对这种坏现象,我们必须进行斗争。[2]

列宁对"党的干部"的嘱咐,在斯大林时期逐渐走向失控,那时,就已出现了不少领导干部以权谋私、结党营私的现象。马林科夫在苏共十九大报告中就列举了若干这类事例。例如,在若干经济企业中,有少数工作人员"竟然企图把委托他们管理的企业变成他们自己的私人财产"。"这些领导认为:他们什么都可以干,他们可

---

[1] 《列宁选集》第1卷,人民出版社2012年版,第158页。
[2] 《列宁全集》第43卷,人民出版社2017年版,第15页。

第二章
马克思主义理论与厚德载物的契合性

以完全无视国家和党所制定的法律和规章,可以违反苏维埃的法律,可以采取各种各样的专横行动。"在一些党的组织中,有一部分领导人已经堕落腐化,竟至挪用公款和盗窃国家财产。这些现象,最终也成为压垮苏维埃的"无数雪花中的一片"。

中国古代对于"廉"的要求,最初指官员应具有品德之一。也是厚德载物中"厚德"对统治者及封建士人的精神要求。西周时,"廉"作为官员一种必备的品质纳入考察考核。"以听官府之六计,弊群吏之治。一曰廉善,二曰廉能,三曰廉敬,四曰廉正,五曰廉法,六曰廉辨"[①],"廉"在此是坚持原则的意思。真正与今天的"廉"画上等号,则要到春秋战国时期,韩非子明确提出国家强盛的一个重要原因,就是臣僚清廉方正,而不是放纵贪污之心以徇私枉法。

> 百官之吏,亦知为奸利之不可以得安也,必曰:"我不以清廉方正奉法,乃以贪污之心枉法以取私利,是犹上高陵之颠,堕峻溪之下而求生,必不几矣。"安危之道若此其明也,左右安能以虚言惑主,而百官安敢以贪渔下?是以臣得陈其忠而不弊,下得守其职而不怨。此管仲之所以治齐,而商君之所以强秦也。[②]

[①] 〔汉〕郑玄注、〔唐〕贾公彦疏:《周礼正义》,〔清〕阮元校刻:《十三经注疏》上,上海古籍出版社1997年版,第654页。

[②] 梁启雄:《韩子浅解》,中华书局2009年版,第104—105页。

中国古代以儒家思想为代表的道德自律理论构成了廉政制度的基础，也决定了中国廉政建设以自律为主、"内圣外王"的基本特征。中国古代廉政制度在自律的经验、规律和方法方面，形成了缜密严谨的学说体系，提出了一整套倡廉贬贪的道德规范，适合中华民族的性格特征，取得了其他国家道德学说无法比拟的效果。

第二章
马克思主义理论与厚德载物的契合性

第二节　马克思主义道德观与厚德载物的价值追求相契合

在马克思主义与道德问题上，西方学界存在"马克思主义道德论"与"马克思主义非道德论"之理论分歧，一方认为马克思是道德主义者，另一方认为马克思是非道德主义者。不过，尽管马克思和恩格斯没有建立一套系统完整的道德理论体系，但可以肯定的是他们有着自己的道德思想和观点。对人类解放和共产主义理想的价值追求，充分表明马克思主义有自身独到的道德思想和理论主张。

《周易·说卦》指出："坤，顺也。"大地具有宽厚和顺之德，使万物各遂其生。厚德载物，就是指要拥有宽广的胸怀，包容万物、博采众长，既是对大地承载万物之德的描述，也是对崇高道德理想的不懈追求。而古人的崇高道德理想，无外乎修身、齐家、治国、平天下，最终都归结于"天下为公"的朴素希望。

一、马克思主义道德观的终极关怀与厚德载物追求的天下为公相契合

在马克思主义者看来，道德是一个历史范畴，具有历史性和民

族性特点。马克思曾立足唯物史观，在其著作《德意志意识形态》中批判了康德和黑格尔脱离历史、以"善良意志"和"绝对精神"为内在根据的唯心主义道德观，从而把道德置于一定的历史关系中，使道德从彼岸世界回到人的现实生活此岸世界。恩格斯认为："人们自觉地或不自觉地，归根到底总是从他们阶级地位所依据的实际关系中——从他们进行生产和交换的经济关系中，获得自己的伦理观念。"[①] 道德不是人们在头脑中进行逻辑推演的产物，而是人们物质生活关系的精神表现。同时，作为一种意识形态，道德又随着时代和经济关系的变化而变化，所以没有适用于一切时代、一切民族的永恒道德。人们在进行物质生产和交换的过程中不断改变自己的生活方式，也改变着道德观念。马克思指出："人的社会历史始终是他们个体发展的历史。"他将未来的共产主义社会称为"自由人联合体"的社会，在这样一个新社会，"每个人的自由发展是一切人的自由发展的条件"。所以，马克思主义道德价值观的核心是人，关注人的生存和发展，人的发展是马克思主义理论关切的最终目标。在马克思主义看来，社会发展从根本上说是人的发展，判断一个社会发展价值合理性的道德准则就是有利于人自身的发展。

> 人的依赖关系（起初完全是自然发生的），是最初的社会形态，在这种形态下，人的生产能力只是在狭窄的范围内和孤立的地点上发展着。以物的依赖性为基础的人的独立性，是第二

---

① 《马克思恩格斯文集》第9卷，人民出版社2009年版，第99页。

第二章
马克思主义理论与厚德载物的契合性

大形态，在这种形态下，才形成普遍的社会物质变换，全面的关系，多方面的需求以及全面的能力的体系。建立在个人全面发展和他们共同的社会生产能力成为他们的社会财富这一基础上的自由个性，是第三个阶段。①

只有消除了人役和物役的社会，人的自由个性全面发展才能成为现实。马克思关于人的发展三阶段论，既有唯物史观蕴涵，又具有深厚的道德意蕴。社会发展为人的发展创造条件，人的发展是检验历史发展的道德尺度。究其实质，马克思主义的道德观不纠结于具体的道德要求，而着眼道德所塑造的人和社会的终极关怀，更多关注道德的目的和结果，而非具体的、可操作的、具有阶级性的道德。因此，人的发展是马克思主义道德观的主体向度。

中华优秀传统文化高度重视"道"。实际上，"厚德载物、明德弘道"既是对中华优秀传统文化重要元素的高度概括，也与马克思主义道德观相通。习近平总书记在文化传承发展座谈会上指出：

> 中华优秀传统文化有很多重要元素，比如，天下为公、天下大同的社会理想，民为邦本、为政以德的治理思想，九州共贯、多元一体的大一统传统，修齐治平、兴亡有责的家国情怀，厚德载物、明德弘道的精神追求，富民厚生、义利兼顾的经济伦理，天人合一、万物并育的生态理念，实事求是、知行合一

---

① 《马克思恩格斯全集》第46卷上，人民出版社1979年版，第104页。

的哲学思想，执两用中、守中致和的思维方法，讲信修睦、亲仁善邻的交往之道等，共同塑造出中华文明的突出特性。①

在讲述"大道"之时，孔子虽然叹息自己并未经历过古仁人的"三代之治"，但自己有志向、有想法，将"三代之治"变为现实，并详细地描绘了那个时代的愿景。而孔子描绘的这一愿景，完全围绕着"人"这一中心点，强调不管什么情况下，人们都有自己的"归宿"。

> 大道之行也，天下为公，选贤与能，讲信修睦。故人不独亲其亲，不独子其子，使老有所终，壮有所用，幼有所长，鳏寡孤独废疾者皆有所养，男有分，女有归。②

孔子主张统治者从"民"的角度出发制定政策，提出君主应"因民之所利而利之"，并强调要在确保民众经济财富的基础上重视民众的受教育权，使人人都能够得到细致深入的教育，从而实现自由全面的发展。

马克思主义对集体主义、公平正义、和谐社会的观点，与中华优秀传统文化中讲仁爱、重民本、守诚信、崇正义、尚和合、求大

---

① 习近平：《在文化传承发展座谈会上的讲话》，《求是》2023年第17期，第5页。
② 〔汉〕郑玄注、〔唐〕孔颖达疏：《礼记正义》，〔清〕阮元校刻：《十三经注疏》下，上海古籍出版社1997年版，第1414页。

同的价值观高度契合。马克思主义道德观坚持唯物主义观点，其核心在于实现人的自由全面发展。人人自由而平等的"大道"是共产主义社会的最高道德要求，这与中华优秀传统文化中"大道之行，天下为公"的大同理想社会不谋而合。厚德载物的天下为公追求指向天下人的利益，也就是要将人的自由全面发展放在首位，主张维护人的尊严和价值，将民众从一切束缚和限制中解放出来，使民众得到自由而全面的发展。古代儒家所主张的天下为公的大同社会，核心就在于"公"，"公"要求人与人之间、各种族之间、男女之间在身份地位上一律平等。既然天下是天下人公有的天下，大同社会首先就应是人人平等、权力公有的公有制社会。

二、马克思主义建立自由人联合体理论与厚德载物追求协和万邦的价值旨归相契合

19世纪初，西欧资本主义迅速发展，带来了社会物质财富的极大充盈，但是，世界范围内阶级对立的加深、民族压迫的扩大，让人类的所谓进步，付出了极为惨重的代价。在这个时候，马克思主义揭露了帝国主义在世界范围内疯狂掠夺的本质。从世界范围看，各个资本主义国家之所以争相效仿英国以争当世界霸主，不断欺压其他落后国家，是资本逻辑使然。

资本的集中是资本作为独立力量而存在所十分必需的。这

读懂厚德载物

种集中对于世界市场的破坏性影响,不过是在广大范围内显示目前正在每个文明城市起着作用的政治经济学本身的内在规律罢了。①

而马克思也强调,只有由"伟大的社会革命"对这股力量进行实质性的支配,人类的进步"才会不再像可怕的异教神怪那样,只有用被杀害者的头颅做酒杯才能喝下甜美的酒浆"。也就是说,人类必须利用世界市场走向"真正的共同体"。只有剥离世界市场中的资本力量,才能克服世界市场对生产力发展和人的自由个性发展的双重阻碍;只有用伟大的革命支配世界市场,人才能实现自由而全面的发展并走向真正的共同体。

厚德载物蕴含海纳百川、和而不同的包容开放精神。《周易》强调人要效法天地之德,博大仁爱,犹如大地承载和包容万物。中国古人常用海纳百川比喻包容开放的品格。大海之所以伟大,在于它能容纳所有事物,所谓"海纳百川,有容乃大"。老子提出"上德若谷",其中体现着深刻的包容开放精神。"上德"就是"厚德",形容具有崇高道德的人,心包天地,德无不容,胸怀如同山谷一样深广,可以容纳一切。又如"犹川谷之于江海""江海所以能为百谷王者",江海之所以能够容纳百川之水,正是由于江海如同大道一样具有包容开放精神。所以老子又说"知常容,容乃公",如果知道真常之道,则天地同根,万物一体,自然能够虚怀若谷,会通万物,民胞

---

① 《马克思恩格斯文集》第 2 卷,人民出版社 2009 年版,第 691 页。

第二章
马克思主义理论与厚德载物的契合性

物与,廓然大公。

厚德载物还蕴含和谐共生、与人为善的理念。厚德载物意味着要宽厚博大,坚持"和而不同"。"和而不同"就是要承认彼此差异,容纳各种不同。孔子提出"君子和而不同,小人同而不和",就蕴含着对待不同事物的开放包容态度。正如孟子所说的"物之不齐,物之情也",世间的万事万物,千差万别,这正是客观世界的真实样貌与自然规律。天下同归而殊途,一致而百虑,在承认并包容差异性、多样性的基础上,人与人之间、国与国之间、文明与文明之间应当平等交流,相互借鉴,共同进步。《礼记·中庸》指出:

> 万物并育而不相害,道并行而不相悖。

历史上,从赵武灵王胡服骑射,到北魏孝文帝汉化改革;从"洛阳家家学胡乐",到"万里羌人尽汉歌";从边疆民族习用"上衣下裳""雅歌儒服",到中原盛行"上衣下裤"、胡衣胡帽;等等,无不展现了各民族文化的互鉴融通。万物不尽相同,可能存在分歧矛盾,但是世界正是因为不同和差异,才会如此丰富多彩,"一花独放不是春,百花齐放春满园"。只有接受彼此的不同,做到"求同存异""和而不同",才能包容共生、和谐相处。

中华文明是在同其他文明不断交流互鉴中形成的开放体系。亲仁善邻、协和万邦是中华文明一贯的处世之道,天下一家、世界大同是中华民族源远流长的思想传统。从弘扬个人品德,使家族和睦;

到协调百姓，实现社会和睦；进而协调万邦诸侯，实现天下为公。在中华文明史上，协和万邦的理念一脉相承，促进了民族的融合和大一统国家的建立，集中体现着中国人特有的天下观。

> 克明俊德，以亲九族。九族既睦，平章百姓。百姓昭明，协和万邦。①

中国自古就是世界上人口最多的地区之一，加之族群众多，在上古时期，就已经是小邦林立。中国原始社会的鼎盛时期是尧舜时代，鉴于当时"天下万邦"的社会现实，尧提出上述道德理念，即主张先由家族和谐，扩展到社会和谐，乃至不同邦族之间的和谐。"协和万邦"由此成为中国文化的基因与核心价值之一。而这一理念传递出的，就是呼吁社会能够和谐共处，平等相融。

中华文化"协和万邦"的理念促进了民族的融合和"大一统"国家的建立。中华民族融合的历史在世界上堪称典范。这一点钱穆已经指出过。他说，西方思想源于古希腊，希腊不过如古代的齐国一样大，而其中城邦有一两百个。一个城市中又各有不同的政府组织，有的是贵族政治，有的是共和政治，有的是代议政治。希腊始终没有融成一个统一的国家，只有所谓"城邦政治"。整个希腊时代一直如此。欧洲人从古希腊遗留下来的文化传统，从未有过如中

---

① 〔汉〕孔安国传、〔唐〕孔颖达正义：《尚书正义》，〔清〕阮元校刻：《十三经注疏》上，上海古籍出版社1997年版，第119页。

第二章
马克思主义理论与厚德载物的契合性

国自古以来统一和平的一套"天下观"。尧的"协和万邦"思想为历代政治家和思想家所继承和弘扬。比如产生于商、周之际的《尚书·洪范》就说："无偏无党，王道荡荡；无党无偏，王道平平。"①告诫统治者处事要公正，去除一己之偏爱，好恶一同于天下。

世界正在经历百年未有之大变局，人类在不断走向文明进步的同时也面临共同挑战。"世界怎么了、人类向何处去"这一问题，在新的历史条件下再一次摆在人们面前。人类命运共同体理念坚持运用马克思主义共同体思想的基本立场、观点和方法，准确把握、深刻回答了当今的世界之问。总的来看，关乎人类前途命运的世界之问是两者都要面对的时代问题，世界市场及其矛盾是两者都无法回避的客观环境，辩证唯物主义和历史唯物主义是两者共同的根本方法，这无疑是一脉相承的。

学习马克思，就要学习和实践马克思主义关于世界历史的思想。马克思、恩格斯说："各民族的原始封闭状态由于日益完善的生产方式、交往以及因交往而自然形成的不同民族之间的分工消灭得越是彻底，历史也就越是成为世界历史。"马克思、恩格斯当年的这个预言，现在已经成为现实，历史和现实日益证明这个预言的科学价值。今天，人类交往的世界性比过去任何时候都更深入、更广泛，各国相互联系和彼此依存比过去任

---

① 〔汉〕孔安国傅、〔唐〕孔颖达正义：《尚书正义》，〔清〕阮元校刻：《十三经注疏》上，上海古籍出版社1997年版，第190页。

读懂厚德载物

何时候都更频繁、更紧密。①

当今世界，世界市场日益扩大，已经发展为经济全球化浪潮。面对人类遭遇的共同挑战、共同问题，将之简单地归咎于经济全球化，既不符合事实，也于事无补。任何试图回到过去的封闭状态、绕开世界市场的做法，在马克思的年代早已遭到批评，在当今世界更是行不通。当然，随波逐流，任由资本逻辑操控也并非中国特色社会主义的选择。

我们主张，各国和各国人民应该共同享受尊严。要坚持国家不分大小、强弱、贫富一律平等，尊重各国人民自主选择发展道路的权利，反对干涉别国内政，维护国际公平正义。"鞋子合不合脚，自己穿了才知道"。一个国家的发展道路合不合适，只有这个国家的人民才最有发言权。

我们主张，各国和各国人民应该共同享受发展成果。每个国家在谋求自身发展的同时，要积极促进其他各国共同发展。世界长期发展不可能建立在一批国家越来越富裕而另一批国家却长期贫穷落后的基础之上。只有各国共同发展了，世界才能更好发展。那种以邻为壑、转嫁危机、损人利己的做法既不道德，也难以持久。

我们主张，各国和各国人民应该共同享受安全保障。各国

---

① 《习近平著作选读》第二卷，人民出版社2023年版，第165—166页。

第二章
马克思主义理论与厚德载物的契合性

要同心协力，妥善应对各种问题和挑战。越是面临全球性挑战，越要合作应对，共同变压力为动力、化危机为生机。面对错综复杂的国际安全威胁，单打独斗不行，迷信武力更不行，合作安全、集体安全、共同安全才是解决问题的正确选择。①

第二次世界大战以后，发达国家与不发达国家长期处于"中心—外围"关系模式，西方中心主义具有很强的惯性。这种不平等的国际关系状况，早已引起国际社会有识之士的批评和反思，引起不发达国家的不满和抗议。人类命运共同体理念积极回应当今世界各国对公平正义的强烈期盼，积极回应文明发展的多样化要求。习近平总书记提出上述主张，旗帜鲜明地站稳了马克思主义世界历史理论的立场，承接了"自由人联合体"理论要实现真正的人的平等的内核，发扬了马克思主义新的时代品格。中国，正依着铭刻在天安门城楼上的宣言阔步前进："中华人民共和国万岁，世界人民大团结万岁。"

---

① 《习近平著作选读》第一卷，人民出版社2023年版，第105—106页。

第三章

中国共产党对厚德载物的传承与发展

第三章
中国共产党对厚德载物的传承与发展

既肯定自己的主体性，也肯定别人的主体性，这是对厚德载物的现代性发挥。中国共产党人将马克思主义基本原理同中国具体实际相结合、同中华优秀传统文化相结合，使厚德载物发扬了中华优秀传统文化中的精华品性，吸收了马克思主义中的基本原理，日益散发出时代性光辉。在实现中华民族伟大复兴的征程中，厚德载物、明德弘道的精神追求将会继续提供深厚的文化滋养、提供精神动力和贡献时代价值。历史、现实、未来是一脉相承、息息相通的。我们探寻厚德载物思想的历史渊源，总结百余年来中国共产党传承和发展厚德载物的宝贵经验，是为了更好地烛照未来，为推进中国式现代化、建设中华民族现代文明和构建人类文明新形态提供强大精神动力、丰润道德滋养和良好文化条件。

读懂厚德载物

第一节　反求诸己：坚持伟大自我革命

厚德载物表现为"宽以待人、反求诸己"的宽恕自省心态。具体内涵前文已有论，此处不详细展开。《尚书》有云："与人不求备，检身若不及。"① 中国共产党始终要求党员干部，时刻自重自省自警自励，经常对照党的理论、对照党章党规党纪、对照初心使命、对照党中央部署要求，主动查找、勇于改正自身的缺点和不足。这既是出于党员干部担责履职的考虑，宏观来说，也是以中国共产党之德载中华民族伟大复兴使命任务的考虑。

从某种意义上说，中国共产党的百年历史就是一部自我革命史。党的十九届六中全会审议通过的《中共中央关于党的百年奋斗重大成就和历史经验的决议》指出："先进的马克思主义政党不是天生的，而是在不断自我革命中淬炼而成的。"我们说中国共产党是一个伟大、光荣、正确的党，并不是说党从来不犯错误，而是说党犯过错误，但敢于正视错误，又勇于改正错误。世界上没有不犯错误的党，中国共产党也不例外。回顾党的百年奋斗史可以看到，中国

---

① 〔汉〕孔安国传、〔唐〕孔颖达正义：《尚书正义》，〔清〕阮元校刻：《十三经注疏》上，上海古籍出版社1997年版，第163页。

第三章
中国共产党对厚德载物的传承与发展

共产党总是在推动社会革命的同时，自觉进行自我革命，一次次拿起手术刀来革除自身毒瘤，一次次解决自身问题，从而引领伟大的社会变革。在这波澜壮阔的百年历史中，既有危难之际的绝处逢生，有挫折之后的毅然奋起，有磨难面前的百折不挠，也有错误之后的拨乱反正，既充满艰险又充满神奇，可以说是苦难辉煌。党对重大困难的克服、对重大问题的解决、对重大挑战的应对、对重大失误的纠正，显示的正是中国共产党践行厚德载物的精神和勇于自我革命的品格，彰显的正是中国共产党不同于其他政党的特质和优势。

有学者提出中国共产党党史上进行了至少六次具有重要意义的自我革命。第一次是八七会议。这是党在早期探索中国革命遭受挫折危急关头的一次自我革命。八七会议召开于中国革命生死存亡之际。据不完全统计，从 1927 年 3 月到 1928 年上半年，共产党人和革命群众被杀害 31 万多人，其中共产党员 2.6 万余人，党的组织遭到严重破坏，党员数量从大革命高潮时的近 6 万人锐减到 1 万多人，年轻的中国共产党遭受前所未有的生死考验。在血雨腥风的考验下，党内真正的马克思主义者非但没有被敌人的屠杀政策所吓倒，反而更加坚定了毅然前行的勇气。

1927 年 8 月 7 日，党中央在湖北汉口召开会议，检讨党的工作，批判大革命后期右倾机会主义错误，确立了实行土地革命和武装起义的总方针。在这次会议中，中国共产党人深刻反省了由于缺乏革命斗争经验，对主导北伐战争的国民党领导集团政治警觉不够的问题。1927 年北伐胜利进军时，蒋介石、汪精卫集团相继背叛革命，屠杀大量革命群众和共产党人。

会上，代表们以高度的历史责任感，大胆建言献策，体现了共产党人对革命、对党高度负责的政治意识和勇于担当、锐意进取的政治勇气。据会议记录记载，参加会议的 21 名正式代表中，先后有 14 人发言，发言次数多达 56 次。难能可贵的是，代表们纷纷开展激烈的思想斗争，对各项决议案认真讨论，不避讳、不掩饰，充分展示了共产党人胸怀坦荡、敢讲真话的精神。

> 无产阶级的政党不怕公开的承认自己错误。如果共产主义者不能无所畏惧无所忌讳的批评党的错误、疏忽和缺点，那末，共产主义者也就完了。我们党公开承认并纠正错误，不含混不隐瞒，这并不是示弱，而正是证明中国共产主义运动的力量。[①]

中国共产党人勇于承认自己的错误，积极适应外部环境改变自己的革命方法和斗争路线。会议通过《中国共产党中央执行委员会告全党党员书》等文件，要求坚决纠正党在过去的错误，号召广大党员和革命群众继续战斗。会议在着重批评大革命后期以陈独秀为首的中央所犯的右倾机会主义错误及其他错误时指出：（一）中央在同国民党的关系问题上，完全放弃共产党独立的政治立场，实行妥协退让政策；（二）在革命武装问题上，中央始终没有想着武装工农

---

① 《建党以来重要文献选编（一九二———一九四九）》第四册，中央文献出版社 2011 年版，第 410 页。

第三章
中国共产党对厚德载物的传承与发展

的必要，没有想着造成真正革命的工农军队，甚至主动下令解散工人纠察队；(三)中央没有积极支持和领导农民革命运动，而受国民党领袖恐吓犹豫的影响，不能提出革命的行动政纲来解决土地问题；(四)中央不受群众的监督，党内缺乏民主生活。

实际上，八七会议作的两个具有历史意义的决定，一是进行土地革命，二是进行武装起义。

1927年7月20日，《中央通告农字第九号——目前农民运动总策略》中指出：

> 近年农民运动的进展，已表明中国革命进到一个新阶段——土地革命的阶段。土地革命只是一个过程，这一过程的进展，需要一个无产阶级领导的工农小资产阶级的民主政权和工农武装……[1]

关于土地革命，八七会议根据共产国际的上述指示，明确提出土地革命是中国资产阶级民主革命的中心问题，是中国革命新阶段的主要的社会经济内容。会议指出：现实主要的是用"平民式"的革命手段来解决土地问题，没收大地主及中地主的土地，没收一切所谓公产的祠族庙宇等土地，分给佃农或无地的农民。对于小地主则应减租。会议作出的这一决定，回答了此时中国革命所面临的要

---

[1]《建党以来重要文献选编（一九二一——一九四九）》第四册，中央文献出版社2011年版，第357页。

读懂厚德载物

害问题。

关于武装起义,八七会议作出了对过往针对军队态度的批判。之前一段时间,党没有真正深入到士兵、基层军官中去做组织动员,而是停留在与"将领办外交",只"注重种种方式的军事结合"。这种方向是充满了不确定性的,要把军事武装、枪杆子牢牢地掌握在自己手里,避免这种投机主义的盛行。

> 这种对于军队的态度,就使中央始终没有认真想到武装工农的问题,没有想着武装工农的必要,没有想着造成真正革命的工农军队。①

会议明确提出:党的现实最主要的任务是"有系统地、有计划地、尽可能地在广大区域内准备农民的总暴动"②。会议认为农民运动的主要力量是贫农,决定调派最积极的、坚强的、有斗争经验的同志,到各主要省区发动和领导农民暴动,组织工农革命军队,建立工农革命政权,解决农民土地问题。会议强调工人运动和农民武装暴动必须互相结合,要注意武装工人及其暴动巷战等军事训练,即刻准备能响应乡村农民的暴动,工人阶级应时刻准备能领导并参加武装暴动。会议作出的武装反抗国民党反动派屠杀政策的决定,是

---

① 《建党以来重要文献选编(一九二一——一九四九)》第四册,中央文献出版社2011年版,第437页。
② 《建党以来重要文献选编(一九二一——一九四九)》第四册,中央文献出版社2011年版,第442页。

第三章
中国共产党对厚德载物的传承与发展

党在付出惨痛的牺牲之后得出的正确结论。这是中国共产党人对中国革命认识上的一个重大进步。

在中国革命处于严重危机的情况下，八七会议及时召开，并制定出继续进行革命斗争的正确方针，使全党没有为极其严重的白色恐怖而惊慌失措，重新鼓起同国民党反动派斗争的勇气，从而为挽救党和革命作出了巨大贡献。中国革命从此开始由大革命失败到土地革命战争兴起的历史性转变。

第二次是遵义会议。这是在极端危急关头实现党的历史伟大转折的一次自我革命。1935年1月15日至17日，中央政治局在贵州遵义召开扩大会议，批评博古、李德在军事指导上的错误。长征开始后，广大干部、战士眼看自第五次反"围剿"开始以来，红军迭次失利，现在又几乎濒于绝境，这与前四次反"围剿"胜利发展的情况形成鲜明的对照。他们由此逐渐觉悟到，这是排斥以毛泽东为代表的正确领导，贯彻执行错误的军事指导方针的结果。

> 然而在反对五次"围剿"的战争中却以单纯防御路线（或专守防御）代替了决战防御，以阵地战堡垒战代替了运动战，并以所谓"短促突击"的战术原则来支持这种单纯防御的战略路线。①

> 更加重要的，就是我们突围的行动，在华夫同志等的心目

---

① 《建党以来重要文献选编（一九二一——一九四九）》第十二册，中央文献出版社2011年版，第51页。

中，基本上不是坚决的与战斗的，而是一种惊惶失措的逃跑的以及搬家式的行动。①

张闻天在会后根据与会多数人特别是毛泽东发言的内容，起草了《中央关于反对敌人五次"围剿"的总结的决议》。这个决议，在中共中央离开遵义到达云南省扎西（今威信）县境后召开的会议上正式通过。决议充分肯定毛泽东等指挥红军多次取得反"围剿"胜利所采取的战略战术的基本原则，明确指出博古、李德"在军事上的单纯防御路线，是我们不能粉碎敌人五次'围剿'的主要原因"。决议还指出，在战略转变与实行突围的问题上，博古、李德"同样是犯了原则上的错误"。他们没有及时转变内线作战的战略方针，实行战略上的退却，以保持主力红军的有生力量，从而贻误了时机。决议总结了在同国民党军第十九路军建立抗日统一战线问题上的经验教训，指出博古、李德等根本不了解在政治上利用第十九路军事变是粉碎第五次"围剿"的重要关键之一，没有在军事上采取与之直接配合的方针，失去了一次宝贵的机会。

遵义会议改组了中央领导机构，选举毛泽东为中央政治局常委；决定常委中再进行适当的分工；取消在长征前成立的"三人团"，仍由最高军事首长朱德、周恩来为军事指挥者，而周恩来是党内委托的对于指挥军事下最后决心的负责者。此后，在红军转战途中，2月

---

① 《建党以来重要文献选编（一九二一——一九四九）》第十二册，中央文献出版社2011年版，第60页。

第三章
中国共产党对厚德载物的传承与发展

5日在川滇黔交界的一个鸡鸣三省的村子，中央政治局常委分工，根据毛泽东的提议，决定由张闻天代替博古负中央总的责任（习惯上也称之为总书记）；决定以毛泽东为周恩来在军事指挥上的帮助者，博古任总政治部代理主任。3月4日，中革军委在第二次进驻遵义后设置前敌司令部，以朱德为司令员，毛泽东为政治委员。其后，鉴于作战情况瞬息万变，指挥需要集中，毛泽东提议成立"三人团"全权指挥军事。3月中旬，在贵州鸭溪、苟坝一带，成立由毛泽东、周恩来、王稼祥组成的新的"三人团"，以周恩来为团长，负责指挥全军的军事行动。在战争环境中，这是中央最重要的领导机构。

  在党的历史上，遵义会议是一次具有伟大转折意义的重要会议。这次会议在红军第五次反"围剿"失败和长征初期严重受挫的历史关头召开，确立了毛泽东同志在党中央和红军的领导地位，开始确立了以毛泽东同志为主要代表的马克思主义正确路线在党中央的领导地位，开始形成以毛泽东同志为核心的党的第一代中央领导集体，开启了我们党独立自主解决中国革命实际问题的新阶段，在最危急关头挽救了党、挽救了红军、挽救了中国革命。①

遵义会议明确地回答了红军的战略战术方面的是非问题，指出过去红军在军事指挥上的错误，同时改变中央的领导特别是军事领

---

① 习近平：《在党史学习教育动员大会上的讲话》，《求是》2021年第7期，第14页。

导，解决了党内所面临的最迫切的组织问题和军事问题，结束了"左"倾教条主义错误在中央的统治，确立了毛泽东在中共中央和红军的领导地位。而这些成果，又是在中国共产党同共产国际中断联系的情况下独立自主地取得的。这次会议，在极端危急的历史关头，挽救了党，挽救了红军，挽救了中国革命。从此，中国共产党能够在以毛泽东为代表的马克思主义正确路线领导下，克服重重困难，一步步地引导中国革命走向胜利。遵义会议是党的历史上一个生死攸关的转折点，它标志着中国共产党在政治上开始走向成熟。

第三次是延安整风运动。这是党在抗战时期通过总结历史经验，从思想上批判以王明为代表的"左"倾教条主义错误，提高全党马克思主义理论水平的一次自我革命。遵义会议后，党从军事上、政治上纠正了王明"左"倾错误，但一直没有来得及从思想上系统地彻底清算这种错误。1941年5月至1945年4月，中国共产党开展了全党范围的整风运动，对党员干部的思想作风进行集中全面的整顿，通过纠正各种不良作风和现象，进而实现党在思想上、组织上、行动上的高度一致。这种形式，即为整风。整风作为党内教育的一大创举，发轫于20世纪40年代的革命圣地延安，被党内称为"一场思想上的革命"，堪称伟大光辉典范。正是延安整风，将人们从教条主义的束缚和对共产国际的盲从状态下解放出来，在全党实现了思想的高度统一，促进了马列主义与中国革命实践相结合，为抗日战争和解放战争的胜利提供了有力保证。习近平总书记指出："党通过延安整风，使全党团结在毛泽东的旗帜下，实现了党的空前统一

第三章
中国共产党对厚德载物的传承与发展

和团结。"①

延安整风并非权宜之计,也不是临时起意,而是党中央面对党内长期存在的主观主义、形式主义学风所作的深思熟虑的举措。

> 但是我们还是有缺点的,而且还有很大的缺点。据我看来,如果不纠正这类缺点,就无法使我们的工作更进一步,就无法使我们在将马克思列宁主义的普遍真理和中国革命的具体实践互相结合的伟大事业中更进一步。②

毛泽东在《改造我们的学习》中,毫不讳言地指出党内存在的问题。第一,对于国际国内的现实情况并不理解,所收集到的关于国际国内政治、军事、经济、文化的任何一方面的材料,都是零碎且不系统的,这样就如同"闭塞眼睛捉麻雀"。第二,对于自己国家的历史不甚了解,谈到马克思主义就"言必称希腊",认真研究历史的"空气也是不浓厚的"。第三,不能将当时国外的先进经验转化为实际的理论指导,只能片面地引用马列主义语句,无法具体地分析和解决中国革命问题。

1942年2月,毛泽东相继作了《整顿党的作风》《反对党八股》两篇报告和演说,尤其在后者发表之后,很多单位召开了反对党八

---

① 习近平:《继承和发扬党的优良革命传统和作风 弘扬延安精神》,《求是》2022年第24期,第4页。
② 《毛泽东选集》第三卷,人民出版社1991年版,第796页。

读懂厚德载物

股座谈会，一些党政机关把学习的重点放在自查本单位的文件、指示、会议、文章等上，看有无党八股残留。许多单位还检查领导讲话是否不看对象，接待群众是否打"官腔"，领导学习和讲话是否交给秘书或他人办理。还有的单位开展短文比赛、检查发出的公文和文章是否空话连篇等。这些举措，有力推动了整风的深入进行，改进了党的作风。

由此，延安整风的三项主要内容全部浮出水面——反对主观主义以整顿学风、反对宗派主义以整顿党风、反对党八股以整顿文风。也随之确认了延安整风的宗旨是"惩前毖后、治病救人"。

> 我们反对主观主义、宗派主义、党八股，有两条宗旨是必须注意的：第一是"惩前毖后"，第二是"治病救人"。[①]

"惩前毖后"和"治病救人"，顾名思义，要以科学的态度分析批判过去的错误，以便今后的工作不重蹈覆辙。揭发错误、批评缺点的目的，就如医生治病是为了救人，为了使犯错误的人变成好同志，这决非痛快一时、乱打一顿就能奏效的。这既是延安整风的总体方针，也是之后党内教育一以贯之的原则。毛泽东认为，对干部存在的问题要慎之又慎，要教育和挽救干部，只"整"思想，"治病救人"。据中共中央文献研究室主编的《毛泽东传》记录，毛泽东曾强调，要团结过去犯过错误的同志，建设一个统一的党。过去对犯

[①]《毛泽东选集》第三卷，人民出版社1991年版，第828页。

第三章
中国共产党对厚德载物的传承与发展

错误的同志只是惩罚,这一次我们主要是弄清思想,总结经验教训。我们强调产生错误的社会原因,不强调个人责任。因此,组织结论作宽大些。

也是在延安整风运动中,中国共产党形成了批评与自我批评这一纠错机制,党内自我纠错氛围特别浓厚。1942年3月19日,在中央政治局扩大会议上,毛泽东指出,我党必须实行公开的自我批评,不怕家丑外扬,隐藏是不能教育党员的。今后凡重要问题都要召集大的会议,征求同志们的意见。中央要听同志们的意见,党要听党外人士的意见。党员只是百分之一,我们要听百分之九十九人士的意见。共产党的作用,就是要集中人民的意见,作出决议,并坚持下去。将原料加以制造成为精制品,即是决定政策,造成作风。1943年中央政治局整风会议上,周恩来的自我批评极为深刻。他用半个月时间,写了5万多字的学习笔记,并作了五天的发言,对自己各时期的工作进行了深刻反思,他的发言是中央两次整风会议中讲得最细、时间最长的。这些细节,都体现了共产党人"反求诸己"的党性修养和磊落情怀。

第四次是新中国成立初期践行"两个务必"思想的整风整党运动。这是中国共产党在全国执政后首次刀刃向内的自我革命。1949年3月,在党的七届二中全会谋划筹建新中国时,毛泽东提出务必继续地保持谦虚、谨慎、不骄、不躁的作风,务必继续地保持艰苦奋斗的作风的思想,作为执政警钟。

读懂厚德载物

> 这一点现在就必须向党内讲明白，务必使同志们继续地保持谦虚、谨慎、不骄、不躁的作风，务必使同志们继续地保持艰苦奋斗的作风。①

实际上，毛泽东提出"两个务必"也是有特定的历史背景的。1949年初，中国共产党面临一系列问题。一是即将诞生的人民政权面对国民党留下的千疮百孔的烂摊子，面对帝国主义的经济封锁和军事包围，面对反革命分子的暗中破坏，"残余的敌人尚待我们扫灭。严重的经济建设任务摆在我们面前。我们熟习的东西有些快要闲起来了，我们不熟习的东西正在强迫我们去做"②。二是从国际环境看，新中国将面临以美国为首的西方反华势力的敌视和包围，以及经济封锁和武装威胁。这是形势严峻的一面。三是中国共产党进城执掌全国政权后会不会腐化，能不能经受执政考验、巩固国家政权。前两个问题还是无法避免的客观环境，对于即将执政的中国共产党来说，是严峻的外部挑战。但第三个问题却是中国共产党能够通过自身整风、整顿，可以压灭的苗头。

> 例如，许多机关团体和部队，在城市中占领与争夺公共房屋和家具，或一个小机关占据极大极多的房屋，任意糟蹋毁坏，不负任何责任；许多干部擅自在城市的公共房屋中设立私人的

---
① 《毛泽东选集》第四卷，人民出版社1991年版，第1438—1439页。
② 《毛泽东选集》第四卷，人民出版社1991年版，第1480页。

第三章
中国共产党对厚德载物的传承与发展

公馆，取用家具，或以家具赠人，搬入乡村……①

在解放战争后期的城市接管中，确实也出现过一些令人忧心的混乱现象。例如，1948年12月《中共中央关于城市公共房产问题的决定》开篇指出的上述情况。中国共产党进行了20余年的斗争和革命，到解放战争后期，难免可能出现歇歇脚，松松劲的想法，毛泽东对上述情况给出了清晰的判断：

> 因为胜利，党内的骄傲情绪，以功臣自居的情绪，停顿起来不求进步的情绪，贪图享乐不愿再过艰苦生活的情绪，可能生长。因为胜利，人民感谢我们，资产阶级也会出来捧场。敌人的武力是不能征服我们的，这点已经得到证明了。资产阶级的捧场则可能征服我们队伍中的意志薄弱者。可能有这样一些共产党人，他们是不曾被拿枪的敌人征服过的，他们在这些敌人面前不愧英雄的称号；但是经不起人们用糖衣裹着的炮弹的攻击，他们在糖弹面前要打败仗②。

新中国成立后，党中央践行"两个务必"思想，1950年下半年开始，整风运动全面展开；1951年春开展整党运动，为党在全国执

---

① 《建党以来重要文献选编（一九二一—一九四九）》第二十五册，中央文献出版社2011年版，第736页。
② 《毛泽东选集》第四卷，人民出版社1991年版，第1438页。

读懂厚德载物

政的新的历史条件下坚持共产党员先进性进行教育；这年底，党中央又决定将正在开展的"三反"运动与整党结合，严肃批判与处理部分党员干部存在的贪污、浪费、受贿等腐化堕落行为。其中最引人注目的是从严处理了号称共和国反腐第一案的刘青山、张子善事件，开启了从严治党、清廉治国的良好风气。

> 应把反贪污、反浪费、反官僚主义的斗争看作如同镇压反革命的斗争一样的重要，一样的发动广大群众包括民主党派及社会各界人士去进行，一样的大张旗鼓去进行，一样的首长负责，亲自动手，号召坦白和检举，轻者批评教育，重者撤职、惩办、判处徒刑（劳动改造），直至枪毙一批最严重的贪污犯，才能解决问题。[①]

第五次是粉碎"四人帮"的胜利和党的十一届三中全会开始的全面拨乱反正。1976年10月粉碎"四人帮"的胜利，从危难中挽救了党和国家，挽救了社会主义。1978年底召开的党的十一届三中全会是新中国成立以来我党历史上具有深远意义的伟大转折。全会开始实现从"两个凡是"到解放思想、实事求是，从以阶级斗争为纲到以经济建设为中心，从僵化半僵化、封闭半封闭到对外开放的历史性转变。全会还充分肯定必须完整地准确地掌握毛泽东思想的科学体系，开始全面地认真地纠正"文化大革命"中及其以前的"左"

[①]《毛泽东文集》第六卷，人民出版社1999年版，第191页。

第三章
中国共产党对厚德载物的传承与发展

倾错误，审查和解决了一批重大冤假错案和一些重要领导人的功过是非问题。其中，影响最大、最受人关注的就是平反刘少奇一案。1979年4月，在邓小平、陈云等的推动下，中共中央决定由中央纪委和中央组织部成立"刘少奇案件复查组"，复查工作正式启动。复查组花了近一年的时间对刘少奇的各项"罪状"进行了周密的调查研究，最终以可靠的事实逐条否定了强加给刘少奇的"罪名"。1980年2月，十一届五中全会通过《关于为刘少奇同志平反的决议》。

> 刘少奇同志是伟大的马克思主义者，是为共产主义奋斗终生的无产阶级革命家。几十年来，他作为党和国家卓越的主要领导人之一，对我党的建设，对我国民主革命、社会主义革命与社会主义建设，都有不可磨灭的功绩。他对党和人民的事业是忠诚的。他把毕生精力贡献给了我国的无产阶级革命和建设的事业。[①]

除此之外，对地主、富农分子"摘帽子"和解决地、富子女成分问题也引起了社会的广泛关注。党的十一届三中全会果断停止使用"以阶级斗争为纲"的口号。在这样的背景下，1979年1月11日，中共中央作出《关于地主、富农分子摘帽问题和地、富子女成分问题的决定》。这份决定全文不过676个字，却直接改变了全国几千万人的命运。据统计，1977年年底全国尚有地主分子279.7万人，

---

① 《三中全会以来重要文件选编》上，中央文献出版社2011年版，第357—358页。

读懂厚德载物

富农分子189.5万人，合计469.2万人。至1980年年底，全国只剩有地主分子4万余人，富农分子2万余人。1983年7月到1984年10月，对最后一批地、富、反、坏分子79260人，进行评审摘帽。

1981年通过的《关于建国以来党的若干历史问题的决议》，又标志着我们党实现了指导思想的拨乱反正。这个决议指出：我们党敢于正视和纠正自己的错误，有决心有能力防止重犯过去那样严重的错误。从1980年3月到1981年6月党的十一届六中全会，邓小平多次谈过对决议稿的起草和修改的意见。其中就谈到了《决议》应该秉持的三条中心意思。

> 中心的意思应该是三条。第一，确立毛泽东同志的历史地位，坚持和发展毛泽东思想。……第二，对建国三十年来历史上的大事，哪些是正确的，哪些是错误的，要进行实事求是的分析，包括一些负责同志的功过是非，要做出公正的评价。……第三，通过这个决议对过去的事情做个基本的总结。还是过去的话，这个总结宜粗不宜细。[①]

历时20个月，数易其稿，经过党内多次大小范围的讨论和修改，《决议》起草工作终于完成。1981年6月，党的十一届六中全会审议和通过《关于建国以来党的若干历史问题的决议》（以下简称《决议》）。《决议》解决了科学评价毛泽东、毛泽东思想和确立中

---

① 《邓小平文选》第二卷，人民出版社1993年版，第291—292页。

第三章
中国共产党对厚德载物的传承与发展

国社会主义现代化建设正确道路这样两个相互联系的重大历史课题，为党和国家发展确定了正确方向。《决议》的通过标志着党在指导思想上的拨乱反正胜利完成。

> 党的十一届六中全会通过《关于建国以来党的若干历史问题的决议》，正确评价毛泽东同志的历史地位和毛泽东思想的科学体系，彻底否定了"文化大革命"的错误实践和理论，强调要坚持毛泽东思想、发展毛泽东思想，为党和国家发展确定了正确方向。①

第六次是党的十八大以来开启的全面从严治党新征程。这是中国特色社会主义进入新时代的伟大自我革命。改革开放以来，我们党把马克思主义基本原理同中国改革开放的具体实际结合起来，团结带领人民进行建设中国特色社会主义新的伟大实践。以习近平同志为核心的党中央提出全面从严治党战略，以雷霆万钧之势开展反腐败斗争，标本兼治，坚持"打虎""拍蝇""猎狐"无禁区、全覆盖、零容忍。

习近平总书记指出："勇于自我革命，是我们党最鲜明的品格，也是我们党最大的优势。"正是因为具有勇于自我革命这一政治品格，我们党才能穿越百年风风雨雨，多次在危难之际重新奋起、失

---

① 习近平：《在纪念邓小平同志诞辰120周年座谈会上的讲话》，《人民日报》2024年8月23日第2版。

读懂厚德载物

误之后拨乱反正，成为打不倒、压不垮的马克思主义政党。新时代以来，在以习近平同志为核心的党中央坚强领导下，全党时刻保持解决大党独有难题的清醒和坚定，把全面从严治党作为新时代党的建设的鲜明主题，坚持全面从严治党永远在路上、党的自我革命永远在路上，不断深化对党的自我革命的规律性认识，形成了习近平总书记关于党的自我革命的重要思想。

这一重要思想是我们党坚持把马克思主义基本原理同中国具体实际相结合、同中华优秀传统文化相结合推进理论创新取得的新成果，是习近平新时代中国特色社会主义思想的新篇章，标志着我们党对马克思主义政党建设规律、共产党执政规律的认识达到新高度。这一重要思想凝结了新时代全面从严治党丰富实践经验和重要理论成果，凝聚了全党高度共识，为新时代新征程深入推进全面从严治党、党风廉政建设和反腐败斗争提供了根本遵循。

习近平总书记在二十届中央纪委三次全会上发表重要讲话强调，我们党作为世界上最大的马克思主义执政党，如何成功跳出治乱兴衰历史周期率、确保党永远不变质不变色不变味？这是摆在全党同志面前的一个战略性问题。

> 经过不懈努力，党找到了自我革命这一跳出治乱兴衰历史周期率的第二个答案，自我净化、自我完善、自我革新、自我提高能力显著增强，管党治党宽松软状况得到根本扭转，风清气正的党内政治生态不断形成和发展，确保党永远不变质、不

第三章
中国共产党对厚德载物的传承与发展

变色、不变味。

习近平总书记关于党的自我革命的重要思想,站在统筹中华民族伟大复兴战略全局和世界百年未有之大变局的高度,科学回答关于党的自我革命的三个重大问题。这一重要思想高瞻远瞩、视野宏阔、思想深邃、内涵丰富,充分彰显了我们党自我净化、自我完善、自我革新、自我提高的高度自觉。

这一重要思想科学回答了我们党"为什么要自我革命"的重大问题,指明了确保全党永葆初心、担当使命的根本任务。马克思、恩格斯在《共产党宣言》中庄严宣告:"过去的一切运动都是少数人的,或者为少数人谋利益的运动。无产阶级的运动是绝大多数人的,为绝大多数人谋利益的独立的运动。"我们党是用马克思主义武装起来的政党,始终把为中国人民谋幸福、为中华民族谋复兴作为自己的初心和使命,并一以贯之体现到党的全部奋斗中。党的初心和使命是党的性质宗旨、理想信念、奋斗目标的集中体现,越是长期执政,越不能丢掉马克思主义政党的本色,越不能忘记党的初心使命,越不能丧失自我革命精神。

这一重要思想科学回答了我们党"为什么能自我革命"的重大问题,坚定了全党用好"第二个答案"、解决大党独有难题的信心决心。自我监督是世界性难题,是国家治理的哥德巴赫猜想。

新时代以来,我们党坚定不移推进全面从严治党这一新时代党的自我革命的伟大实践,不断深化实践探索和理论思考,在毛泽东

读懂厚德载物

当年给出"让人民来监督政府"的第一个答案基础上,给出了第二个答案,这就是不断推进党的自我革命。今天,我们党自我净化、自我完善、自我革新、自我提高能力显著增强,开辟了百年大党自我革命的新境界,充分证明我们党完全有能力解决自身存在的问题。

这一重要思想科学回答了我们党"怎样推进自我革命"的重大问题,展现了党永葆生机活力、走好新的赶考之路的光明前景。党始终保持蓬勃生机和旺盛活力、走好全面建设社会主义现代化国家新的赶考之路,离不开全面从严治党这条必由之路,也离不开永远在路上的党的自我革命。习近平总书记对深入推进党的自我革命提出"九个以"的实践要求,为我们在新时代新征程上不断深化对党的自我革命的规律性认识,把党的自我革命的思路举措搞得更加严密,把每条战线、每个环节的自我革命抓具体、抓深入指明了前进方向,提供了根本遵循。

习近平总书记提出的"九个以"的实践要求,是我们在深入推进党的自我革命实践中需要把握好的九个问题。学深悟透习近平总书记关于党的自我革命的重要思想,要坚持解放思想、实事求是、与时俱进、守正创新,将实践要求真正在实践中落细落实。

以坚持党中央集中统一领导为根本保证,要求我们深入推进党的自我革命,必须在党中央集中统一领导下统一谋划、统一部署、统一推进,确保党的自我革命始终保持正确前进方向。以引领伟大社会革命为根本目的,要求我们深入推进党的自我革命,必须紧紧围绕以中国式现代化全面推进强国建设、民族复兴伟业,使党的自

第三章
中国共产党对厚德载物的传承与发展

我革命更好服从服务于党的中心任务。以习近平新时代中国特色社会主义思想为根本遵循，要求我们深入推进党的自我革命，必须坚持不懈用党的创新理论武装全党，不断提高党的自我革命的坚定性、科学性、有效性。以跳出历史周期率为战略目标，要求我们深入推进党的自我革命，必须及时清除侵蚀党的健康肌体的病毒，及时消除损害党的执政根基的各种隐患，不断巩固党的长期执政地位。以解决大党独有难题为主攻方向，要求我们深入推进党的自我革命，必须紧紧围绕"六个如何始终"，标本兼治、综合施策、协同发力、锲而不舍、久久为功，在不断解决大党独有难题中彰显大党优势。以健全全面从严治党体系为有效途径，要求我们深入推进党的自我革命，必须坚持内容上全涵盖、对象上全覆盖、责任上全链条、制度上全贯通，进一步形成依靠党的自身力量发现问题、纠正偏差、推动创新、实现执政能力整体性提升的良性循环。以锻造坚强组织、建设过硬队伍为重要着力点，要求我们深入推进党的自我革命，必须推动各级党组织全面进步、全面过硬，使广大党员干部做到忠诚干净担当。以正风肃纪反腐为重要抓手，要求我们深入推进党的自我革命，必须始终坚持严的基调、严的措施、严的氛围，以优良作风作引领、以严明纪律强保障、以反腐惩恶清障碍，推动党的自我革命环环相扣、层层递进，在革故鼎新、守正创新中实现自我扬弃、自身跨越。以自我监督和人民监督相结合为强大动力，要求我们深入推进党的自我革命，必须切实把党内监督同国家机关监督、民主监督、司法监督、群众监督、舆论监督贯通起来，实现自律和他律良性互动、相得益彰，推动党的自我革命开创新局面。

习近平总书记指出，我们党作为世界第一大党，没有什么外力能够打倒我们，能够打倒我们的只有我们自己。前途命运都掌握在自己手上。要兴党强党，保证党永葆生机活力，就必须实事求是地认识和把握自己，以勇于自我革命的精神打造和锤炼自己。党要兴要强，就必须全面从严治党，刀刃向内的自我革命永远在路上。掌握好运用好习近平总书记关于党的自我革命的重要思想这个强大武器，我们党一定能够不断清除思想之垢、行为之弊、肌体之毒，不断增强自我净化、自我完善、自我革新、自我提高能力，在有效应对长期执政面临的风险考验中不断开辟百年大党自我革命新境界，更好地引领和保障强国建设、民族复兴伟业。

第三章
中国共产党对厚德载物的传承与发展

第二节　民为邦本：全心全意为人民服务

厚德载物是中国哲学的基本精神，体现了古人对自身道德修养及人与社会、自然普遍和谐的追求，已积淀为中国人的民族精神和文化品格，是中华文明得以生生不息、历久弥新的民族之魂。厚德载物不仅内化为中华儿女的精神品格，也成为传统政治文化中治国理政的重要理念。中国传统社会治理中，民为邦本一直是古代统治者追求的治国理念。"民为邦本"一词最早出现在《尚书·五子之歌》中，讲的是大禹的孙子太康无道，被有穷、后羿抓起来废了。太康的五个弟弟作《五子之歌》述大禹之训诫："民惟邦本，本固邦宁。"[1] 大禹不仅提出了民本思想，并且也在治国中践行民本思想。周公总结商亡的教训，主张"以德配天""敬德保民"，以民本思想为指导实施"德治"。

往敷求于殷先哲王用保乂民，汝丕远惟商耇成人宅心知训。

---

[1]〔汉〕孔安国传、〔唐〕孔颖达正义：《尚书正义》，〔清〕阮元校刻：《十三经注疏》上，上海古籍出版社1997年版，第156页。

读懂厚德载物

别求闻由古先哲王用康保民。①

如有不嗜杀人者,则天下之民皆引领而望之矣。诚如是也,民归之,由水之就下,沛然谁能御之?②

在三年克殷践奄之后,周公即命康叔留守殷都,封为卫国诸侯。周公担心康叔年少,缺乏政治经验,不能治理好殷畿旧壤,于是告以治国之道。其中就说到,在殷地,要学习当地先哲圣王的方法与民休息,增进自己的德行,来不停地完成自己的使命。第二段引文出自孟子见梁惠王时说的话,大概意思是,如果天下有一个不那么喜欢制造杀戮的国君,那么,普天之下的百姓都会接踵而至。如果这样,人民归心就像水顺流而下,又有谁能够阻挡呢?这两段引文都说明,先秦时代的民本思想,都明确地指出,人民是国家存续的根本,统治者要善待、教化、引导人民。

到了明清之际,中国古代民本思想发展达到顶峰。战国以降,历代统治者为了吸取前代灭亡的教训,在开国之初都不同程度地实践了民本思想,但在理论上并无建树。直到有二百余年基业的明王朝轰然倒塌,震惊了无数儒生士大夫,民本思想才再次爆发出熣灿的光芒,跃进到民本传统的极限。具体表现在两个方面:一是对君主专制的批判。黄宗羲、唐甄认为君主只不过是一介"独夫","今

---

① 〔汉〕孔安国傅、〔唐〕孔颖达正义:《尚书正义》,〔清〕阮元校刻:《十三经注疏》上,上海古籍出版社1997年版,第203页。
② 〔汉〕赵岐注、〔宋〕孙奭疏:《孟子注疏》,〔清〕阮元校刻:《十三经注疏》下,上海古籍出版社1997年版,第2670页。

第三章
中国共产党对厚德载物的传承与发展

也天下之人怨恶其君，视之如寇仇，名之为独夫，固其所也"，君"自尊则无臣，无臣则无民，无民则为独夫"。不仅如此，他们还愤怒谴责专制君主为"民贼"，"自秦以来，凡为帝王者皆贼也！……杀一人而取其匹布斗粟，犹谓之贼；杀天下之人而尽有其布粟之富，而反不谓之贼乎！"

二是提出了一系列抑制君主专权的设想。顾炎武认为，矫正极端君主专制的有效措施乃是分权，为此提出了"寓封建于郡县之中"的著名论断；唐甄认为，改变君主专制的有力途径乃"抑尊"，使之"处身如农夫，殿陛如田舍，衣食如贫士"；黄宗羲认为，天下与君主的关系，应是"天下为主，君为客"，主张用平等的君臣关系来限制君主专制，强调有治法而后有治人，试图通过法治的巨大约束力，把君主制度纳入"公天下"的轨道。他进而提出设立具有议会性质的学校来监督朝政的设想，"天子之所是未必是，天子之所非未必非，天子亦不敢自为非是，而公其非是于学校"。

由此可见，明清之际的反君主专制的思想，虽未能跳出封建政治思想的怪圈，但是，作为与传统尊君理论相对立的反专制精神，它已达到了民本传统的极限，具有一种冲破千年封建网罗之潜势。但由于阶级和时代的局限，传统民本思想不能也不可能向更深层次拓展。

中国古代民本思想对中国历史的发展有着深远的影响，使得广大人民在一定程度上能够安居乐业，促进了中国封建社会发展，形成了中国历史上汉代"文景之治"、唐代"贞观之治""开元盛世"、清代"康雍乾盛世"等繁荣时期。但是，中国古代民本思想也有其阶级和历史的局限性。比如，中国古代民本思想是为了巩固封建专制统治而提出的，更多的是从农民起义、人民反抗剥削压迫的教训中不得已而总结出来的。它主要是一种得民心、存社稷、固君位的"驭民""牧民""治民"的权术，是以"君权至上""以君为本""官本位"为前提的王道、仁政和德治，实质上只是一种开明的统治策略。又如，中国古代民本思想并不尊重人民群众的个体价值与权利，不可能赋予人民政治权利。人民无法维护自己的利益，不能当家作主，没有任何政治保障，只不过是君王的臣民，只有义务没有权利。

中国共产党继承古代民本思想并将其与马克思主义人民观相结合，矢志不渝地坚持为中国人民谋幸福、为中华民族谋复兴的初心使命，并视之为大德奋力发扬光大，团结带领人民进行艰苦卓绝的斗争，先后推进革命、建设、改革的伟大事业，让中华民族迎来了从站起来、富起来到强起来的伟大飞跃，信心百倍地踏上了全面建设社会主义现代化国家新征程。

为中国人民谋幸福、为中华民族谋复兴，是中国共产党的初心和使命。中国共产党人继承了马克思主义关于人民群众历史地位、为绝大多数人谋利益等基本观点，并将其与中华优秀传统文化中厚德载物、民为邦本等思想相结合，在团结带领人民进行革命、建设、改革的奋斗历程中，不仅充分认识到人民的作用，注意调动人民的积极性、主动性和创造性，而且想方设法为人民谋利益，在推动经济社会发展的基础上，尽力满足人民日益增长的美好生活需要。

第三章
中国共产党对厚德载物的传承与发展

毛泽东指出:"人民,只有人民,才是历史发展的真正动力。"毛泽东充分肯定人民群众的历史地位和社会作用,将人民视为革命、建设的主体,将全心全意为人民服务确立为党的根本宗旨。1944年9月8日,在张思德同志追悼会上,毛泽东作题为《为人民服务》的演讲,指出:

> 人总是要死的,但死的意义有不同。中国古时候有个文学家叫做司马迁的说过:"人固有一死,或重于泰山,或轻于鸿毛。"为人民利益而死,就比泰山还重;替法西斯卖力,替剥削人民和压迫人民的人去死,就比鸿毛还轻。张思德同志是为人民利益而死的,他的死是比泰山还要重的。①

在《论联合政府》的报告中,毛泽东强调:

> 这个军队之所以有力量,是因为所有参加这个军队的人,都具有自觉的纪律;他们不是为着少数人的或狭隘集团的私利,而是为着广大人民群众的利益,为着全民族的利益,而结合,而战斗的。紧紧地和中国人民站在一起,全心全意地为中国人民服务,就是这个军队的唯一的宗旨。②

全心全意地为人民服务,一刻也不脱离群众;一切从人民

---

① 《毛泽东选集》第三卷,人民出版社1991年版,第1004页。
② 《毛泽东选集》第三卷,人民出版社1991年版,第1039页。

读懂厚德载物

的利益出发,而不是从个人或小集团的利益出发;向人民负责和向党的领导机关负责的一致性;这些就是我们的出发点。[1]

党的八大党章明确规定,每一个党员都应当理解党的利益和人民利益的一致性,对党负责和对人民负责的一致性,都必须全心全意地为人民群众服务,遇事同群众商量,倾听群众的意见,关心群众的痛痒,尽力帮助群众实现他们的要求。中国共产党已经是执政的党,因此特别应当注意谦虚谨慎,戒骄戒躁,并且用极大的努力在每一个党组织中,在每一个国家机关和经济组织中,同脱离群众、脱离实际生活的官僚主义现象进行斗争。1957年3月,毛泽东告诫全党:"共产党就是要奋斗,就是要全心全意为人民服务,不要半心半意或者三分之二的心三分之二的意为人民服务。"

邓小平在阐释人民力量时,借用了马克思主义基本原理。他说,"马克思主义向来认为,归根结底地说来,历史是人民群众创造的"[2]。这基于马克思主义基本原理,阐释了人民在历史发展进程中的作用。邓小平坚持鲜明的人民立场,时刻关注人民群众的利益和诉求,始终把人民群众的利益放在心中最高位置,放在一切工作的首位,将"人民拥护不拥护,人民赞成不赞成,人民高兴不高兴,人民答应不答应"作为衡量一切工作得失的根本标准。这充分表明,中国共产党是为人民谋利益的政党,没有自己的特殊利益,

---

[1] 《毛泽东选集》第三卷,人民出版社1991年版,第1094—1095页。
[2] 《邓小平文选》第一卷,人民出版社1994年版,第217页。

第三章　中国共产党对厚德载物的传承与发展

因而能够站在人民的立场上制定方针和政策，以人民利益作为评判的标准和尺度。

以江泽民同志为主要代表的中国共产党人，在推进改革开放的进程中，强调"社会主义民主的本质是人民当家作主，国家一切权力属于人民"。江泽民指出："人民群众是改革发展的主体和动力，也是稳定的力量源泉和深厚基础。"① 江泽民将"代表最广大人民的根本利益"，作为"三个代表"重要思想的内涵之一，彰显了人民利益的重要性，表达了他的人民立场。江泽民指出：

> 历史和现实都表明，一个政权也好，一个政党也好，其前途命运最终取决于人心向背，不能赢得最广大人民的支持，就必然垮台。②

江泽民指出："在任何时候任何情况下，我们的一切工作和言行都要以是否符合最广大人民的根本利益为最高衡量标准。这必须成为我们观察和处理问题的根本原则。"③ 最高标准、根本原则，彰显了对于人民利益的定位。在庆祝中国共产党成立80周年大会上，江泽民强调：

---

① 《江泽民文选》第二卷，人民出版社2006年版，第444页。
② 《江泽民文选》第三卷，人民出版社2006年版，第129页。
③ 《江泽民文选》第二卷，人民出版社2006年版，第577页。

读懂厚德载物

全心全意为人民服务，立党为公，执政为民，是我们党同一切剥削阶级政党的根本区别。任何时候我们都必须坚持尊重社会发展规律与尊重人民历史主体地位的一致性，坚持为崇高理想奋斗与为最广大人民谋利益的一致性，坚持完成党的各项工作与实现人民利益的一致性。①

我们党始终坚持人民的利益高于一切。党除了最广大人民的利益，没有自己特殊的利益。党的一切工作，必须以最广大人民的根本利益为最高标准。全党同志要始终坚持一切为了群众、一切依靠群众的根本观点，坚持党的群众路线，深入群众，深入基层，倾听群众呼声，反映群众意愿，集中群众智慧，使各项决策和工作符合实际和群众要求。②

胡锦涛倡导"情为民所系"，要求党员干部心系群众，视群众为亲人。2002年12月，胡锦涛在西柏坡学习考察时就提出，"权为民所用、情为民所系、利为民所谋"③。他要求各级领导干部深入群众，倾听群众呼声，关心群众疾苦，时刻把人民群众冷暖安危挂在心上。在人民立场问题上，胡锦涛指出：

群众立场是决定我们党的性质的根本政治问题。我们党之

---

① 《江泽民文选》第三卷，人民出版社2006年版，第279页。
② 《江泽民文选》第三卷，人民出版社2006年版，第280页。
③ 《胡锦涛文选》第二卷，人民出版社2016年版，第9页。

第三章
中国共产党对厚德载物的传承与发展

所以得到广大人民群众拥护和支持,首先是因为我们党始终站在最广大人民立场上说话办事,始终代表最广大人民根本利益。始终站在人民立场上而不是站在个人、少数人立场上说话办事,始终代表最广大人民根本利益而不是代表某一个人、某一部分人利益,是决定人心向背、事业成败的关键。①

坚持人民立场,才能切实维护和发展人民的经济、政治、文化权益,才能以符合最广大人民的根本利益作为评价标准。在纪念毛泽东同志诞辰110周年座谈会上,胡锦涛指出:"实现好、维护好、发展好最广大人民根本利益,始终是我们党全部奋斗的最高目的,始终是我们党观察和处理问题的根本原则。"②科学发展观以人为本的核心,是从人民群众根本利益出发谋发展、促发展,不断满足人民群众日益增长的物质文化需要,让发展成果惠及全体人民。

中国特色社会主义进入新时代,以习近平同志为核心的党中央治国理政的理论与实践,进一步彰显了人民至上的价值立场。习近平总书记指出:"历史是人民书写的,一切成就归功于人民。"③在习近平总书记的心目中,人民群众具有至高无上的地位。中国共产党的根基在人民、血脉在人民、力量在人民。人民是中国革命、建设、改革的主体力量,是中国共产党执政兴国的最大底气和力量

---

① 《胡锦涛文选》第三卷,人民出版社2016年版,第445页。
② 《胡锦涛文选》第二卷,人民出版社2016年版,第140页。
③ 《十九大以来重要文献选编》上,中央文献出版社2019年版,第87页。

源泉。中国共产党的力量，说到底是人民的力量。习近平总书记指出"人民是历史的创造者，群众是真正的英雄。人民群众是我们力量的源泉"①，一再强调以人民为中心的价值立场和人民主体地位的实践要求。党的十八大召开之后，习近平总书记率十八届中央政治局常委同中外记者见面时就表示："每个人的工作时间是有限的，但全心全意为人民服务是无限的。"②在纪念毛泽东同志诞辰120周年座谈会上，习近平总书记指出："全心全意为人民服务，是我们党一切行动的根本出发点和落脚点，是我们党区别于其他一切政党的根本标志。"③党的十九大召开之后，习近平总书记在瞻仰上海中共一大会址和浙江嘉兴南湖红船时，告诫全党"必须坚持全心全意为人民服务的根本宗旨，不断带领人民创造更加幸福美好的生活"④。在"不忘初心、牢记使命"主题教育工作会议上，习近平总书记指出"守初心，就是要牢记全心全意为人民服务的根本宗旨"⑤。在庆祝中国共产党成立100周年大会上，习近平总书记指出："中国共产党始终代表最广大人民根本利益，与人民休戚与共、生死相依，没有任何自己特殊的利益，从来不代表任何利益集团、任何权势团体、任何特权阶层的利益。"⑥

---

① 《习近平谈治国理政》第一卷，外文出版社2018年版，第5页。
② 《十八大以来重要文献选编》上，中央文献出版社2014年版，第70—71页。
③ 《十八大以来重要文献选编》上，中央文献出版社2014年版，第697—698页。
④ 《习近平谈治国理政》第三卷，外文出版社2020年版，第498页。
⑤ 《习近平谈治国理政》第三卷，外文出版社2020年版，第523页。
⑥ 《习近平谈治国理政》第四卷，外文出版社2022年版，第9页。

第三章
中国共产党对厚德载物的传承与发展

坚持人民至上，既是基于马克思主义基本原理的历史经验总结，也是中国共产党对中华优秀传统文化中厚德载物、明德弘道、民为邦本、天下大同等思想实践探索的结晶。厚德载物中蕴含的民本思想，道出了民生问题的重要性，为后世留下了可资借鉴的思想资源。习近平总书记在主持十八届中央政治局第十一次集体学习时指出：

> 唐太宗李世民和大臣们在贞观年间总结隋炀帝亡国的教训时说，治理国家"必须先存百姓，若损百姓以奉其身，犹割股以啖腹，腹饱而身毙"。古代封建统治者尚能认识到存养百姓的重要性，我们党的各级领导干部更应自觉坚持全心全意为人民服务的根本宗旨，保持同人民群众的血肉联系，始终与人民同呼吸、共命运、心连心，团结带领人民续写改革新篇章，确保改革取得成功。①

这里借用传统惠民富民思想，说明了践行党的根本宗旨、维护人民利益的必要性。在习近平总书记看来，"惠民利民、安民富民是中华文明鲜明的价值导向"②，是可创造性转化和创新性发展的思想资源。

"立志报效祖国、服务人民，这是大德，养大德者方可成大业。"

---

① 习近平：《坚持历史唯物主义 不断开辟当代中国马克思主义发展新境界》，《求是》2020年第2期，第11页。
② 《十九大以来重要文献选编》中，中央文献出版社2021年版，第83页。

读懂厚德载物

习近平总书记对"大德"的阐述,体现了厚德载物思想在新时代的创造性转化和创新性发展。新时代治国理政的具体实践,贯穿着全心全意为人民服务的宗旨。习近平总书记指出:"以人民为中心的发展思想,不是一个抽象的、玄奥的概念,不能只停留在口头上、止步于思想环节,而要体现在经济社会发展各个环节。"[1] 全面建成小康社会,历史性地解决了绝对贫困问题,让人民过上了幸福日子;全面依法治国,使法律及其实施体现人民意志、维护人民权益、增进人民福祉;全面深化改革,促进社会公平正义,使改革发展成果更多更公平惠及全体人民,这些都是全心全意为人民服务根本宗旨的实践。

让人民过上好日子,是中国共产党的奋斗目标,党的方针政策是否给人民带来了实惠,人民关注的问题是否得到解决,人民的获得感、幸福感、安全感是否得到提升,只能由人民群众来评价。习近平总书记指出,"生活过得好不好,人民群众最有发言权。"[2] 为此,对于人民群众普遍关注、反映强烈、反复出现的问题,如就业、教育、医疗、社保、住房、养老、食品安全、生态环境、社会治安,我们党拿出更多改革创新举措,切实加以解决,使人民群众的获得感成色更足、幸福感更可持续、安全感更有保障。习近平总书记在党的十八届三中全会第二次全体会议上指出:

---

[1]《习近平谈治国理政》第二卷,外文出版社2017年版,第213—214页。
[2]《十九大以来重要文献选编》中,中央文献出版社2021年版,第765页。

第三章
中国共产党对厚德载物的传承与发展

全面深化改革必须以促进社会公平正义、增进人民福祉为出发点和落脚点。这是坚持我们党全心全意为人民服务根本宗旨的必然要求。全面深化改革必须着眼创造更加公平正义的社会环境,不断克服各种有违公平正义的现象,使改革发展成果更多更公平惠及全体人民。[①]

公平正义是人民对改革的期待,通过全面深化改革促进权利公平、机会公平、规则公平,才能让发展成果惠及全体人民,进而彰显党的根本宗旨。

---

① 《十八大以来重要文献选编》上,中央文献出版社2014年版,第552页。

第三节　天下为公：坚定不移走共同富裕道路

厚德载物、明德弘道是中华民族的精神追求，而明德弘道之道，正是"大道之行也，天下为公"中的道。天下为公是中华文化道德精神的根脉，是社会公德的最高原则。中华民族对这一理想的追求一以贯之，由此影响了数千年中国历史的进程，铺染了无数中华儿女的生命底色。

孔子时代，天下无道，礼崩乐坏。他认为尧、舜、禹、汤、文、武时代是一个"有道"之世，那时，人们以天下为公。所谓"背私为公"，"公"可理解为"共"，指人们的公共意识、公共道德。天下为公，是人们都修为自己的公德心，生活在一起的人们应休戚与共，协同一致，强调要有明确的"社会性"意识，努力做一个"成人"，做"大人""君子"。所以孔子主张扶危济困，互相关心，而不是各行其是，自私自利，甚至损人害人，弱肉强食。

第三章
中国共产党对厚德载物的传承与发展

以公灭私，民其允怀。①

民亦劳止，汔可小康。②

子路曰："愿闻子之志。"子曰："老者安之，朋友信之，少者怀之。"③

天下为公、天下大同的社会理想与马克思主义相通而契合。共同富裕，是马克思主义的一个基本目标。马克思在《一八五七——八五八年经济学手稿》中说，在未来的社会主义制度中，社会生产力的发展将如此迅速，生产将以所有人的富裕为目的。百余年前，瞿秋白在《赤潮曲》中歌颂十月革命："从今后，福音遍天下，文明只待共产大同。"中国共产党的伟大斗争将天下为公的理想真正变成现实。中国共产党百余年的奋斗历史，一定意义上说，就是践行党的初心使命和根本宗旨，提出并不断兑现对人民的承诺的历史。通过社会主义实现共同富裕，就是我们党对全体人民作出的郑重承诺之一。

其实社会主义并非破坏家庭，实欲立国家内的家庭，比现

---

① 〔汉〕孔安国传、〔唐〕孔颖达正义：《尚书正义》，〔清〕阮元校刻：《十三经注疏》上，上海古籍出版社1997年版，第236页。

② 〔汉〕郑玄注、〔唐〕孔颖达正义：《毛诗正义》，〔清〕阮元校刻：《十三经注疏》下，上海古籍出版社1997年版，第548页。

③ 〔魏〕何晏注、〔宋〕邢昺疏：《论语注疏》，〔清〕阮元校刻：《十三经注疏》下，上海古籍出版社1997年版，第2475页。

在之家庭更趋完美，因有余暇，经营家庭种种设备而得娱乐。又社会主义不是使人尽富或皆贫，是使生产、消费、分配适合的发展，人人均能享受平均的供给，得最大的幸福。①

中国共产党建立之初，信仰马克思主义的中国先进分子就从对资本主义的批判和对社会主义的研究宣传中萌生了"共同富裕"思想。1915年9月陈独秀在《青年杂志》创刊号上发表的《法兰西人与近世文明》一文中指出，"财产私有制虽不克因之遽废，然各国之执政及富豪，恍然于贫富之度过差，决非社会之福"。在广州公立法政学校发表的《社会主义批评》的演讲中，他又指出，资本主义社会的弊病之一就是"不平均的分配"，造成"雇人的游惰阶级（指资产阶级）和被雇的劳苦阶级的分离越发显著"，而这都"是社会主义时代所不许的"。1923年至1924年，李大钊在北京大学政治、经济系授课期间，就社会主义的几个谬论一一作了说明，其中谈到上述内容，对社会主义共同富裕作了自己的阐释。

消除贫困，逐步实现共同富裕，是中国共产党矢志不渝的奋斗目标。为了实现这一目标，我们党带领广大人民通过艰苦卓绝的努力，逐步实现了消除绝对贫困的伟大奇迹，走出了一条令世界瞩目的发展之路。作为党的第一代中央领导集体核心，毛泽东在领导中国革命和建设的过程中，对中国为什么存在贫困，怎样消除贫困等问题进行了深入思考和长期探索。

---

① 《李大钊全集》第四卷，人民出版社2006年版，第196页。

第三章
中国共产党对厚德载物的传承与发展

马克思主义认为，生产资料私有制及由此造成的劳动与财富的分离是一切贫困问题的根源。马克思在《资本论》中提出，资本主义社会"在一极是财富的积累，同时在另一极，即在把自己的产品作为资本来生产的阶级方面，是贫困、劳动折磨、受奴役、无知、粗野和道德堕落的积累"[①]。毛泽东继承和发展了马克思相关思想，对中国社会的贫困根源作出了科学判断。1939年他在《中国革命和中国共产党》中指出，在半殖民地半封建社会，"中国人民的贫困和不自由的程度，是世界所少见的"，换言之，消灭贫困和不自由，就必须改变这种社会现状。

而早在土地革命时期，中国共产党就将解决贫困地区人民的生活挂在了自己的心头。党和苏维埃政府一切工作都从群众的角度出发，土地、劳动问题甚至柴米油盐问题都列入了议事日程。兴国县长冈乡贫农马荣海房子失火烧了，乡苏维埃政府发动群众捐钱捐料，3天就帮他盖起了新房。红军家属刘长秀夏荒缺粮，只能以南瓜野菜吃个半饱，乡苏维埃政府及时送了一斗多米帮她渡过难关。当地群众由衷地说道："共产党真正好，什么事情都替我们想到了。"土地是农民的命根子，解决土地问题是中国革命的基本内容之一。在根据地消灭封建地主土地所有制，实现"耕者有其田"，是中国共产党在农村进行的最大社会变革。从毛泽东主持制定的井冈山《土地法》和兴国县《土地法》，到中华苏维埃第一次全国代表大会通过的《中华苏维埃共和国土地法令》和江西省苏维埃政府宣布

---

① 《资本论》第一卷，人民出版社2004年版，第734—744页。

读懂厚德载物

"土地归农民所有,任其出租买卖"政策,千千万万的农民获得了"唯一热望的土地所有权",生产积极性高涨,促进了农业生产,改善了农民生活。

> 第一次代表大会认为,平均分配一切土地,是消灭土地上一切奴役的封建的关系及脱离地主私有权的最彻底的办法。不过苏维埃地方政府无论如何不能以威力实行,不能由上命令,必须向农民各方面来解释这个办法,仅在基本农民群众愿意和直接拥护之下,才能实行。如大多数中农不愿意时,他们可不参加平分。[①]

1930年10月7日,中共赣西南特委向中央的报告中指出:土地革命后,农民不还租,不还债,不完粮,不纳捐税,工人增加了工资,农民分得了土地,好像解下了一种枷锁,个个都喜形于色。土地革命的开展,实现了农民最迫切的愿望,密切了党群关系,让广大农民感受到共产党和红军是为他们谋利益的,因此发自内心拥护土地革命、拥护共产党,主动跟着共产党闹革命,积极参加红军或支援前线,为建立红色政权奠定了坚实基础。

当然,在国家本质上是为大资产阶级、大地主阶级服务时,地方上的政权并不能改善一国之本。所以,为消灭贫穷,实现共同富

---

① 《建党以来重要文献选编(一九二一——一九四九)》第八册,中央文献出版社2011年版,第731页。

第三章
中国共产党对厚德载物的传承与发展

裕，以毛泽东同志为主要代表的中国共产党人带领全国人民进行了艰苦卓绝的革命斗争，推翻了压在中国人民头上的"三座大山"，建立了新中国。

推翻"三座大山"只是消灭贫穷的第一步，建立新的社会制度是根本保障。新中国成立后，面对一穷二白的社会发展状况，要迅速摆脱贫穷落后必须变革生产关系。毛泽东多次强调，"社会主义是中国的唯一的出路"。新中国成立后，"共同富裕"一词第一次写进党的重要文献和重要报刊，是在1953年。这年9月25日，《人民日报》发布庆祝新中国成立四周年口号，口号的第38条号召全国农业生产互助组的组员和合作社的社员"团结一致，发挥集体主义精神，提高生产效率，提高粮食及其他农作物的产量，增加收入，争取共同富裕的生活"。——这是在党的重要报刊中第一次出现"共同富裕"概念。同年12月16日，由毛泽东亲自主持起草的《中共中央关于发展农业生产合作社的决议》向全国公布，其中提出，进一步提高农业生产力，党在农村中工作的最根本的任务，是要"用明白易懂而为农民所能够接受的道理和办法去教育和促进农民群众逐步联合组织起来""逐步克服工业和农业这两个经济部门发展不相适应的矛盾，并使农民能够逐步完全摆脱贫困的状况而取得共同富裕和普遍繁荣的生活"①。——这是在党的重要文件中第一次使用"共同富裕"。

"共同富裕"概念之所以在1953年及之后被广泛使用，不是偶

---

① 《建国以来重要文献选编》第四册，中央文献出版社2011年版，第569—570页。

然的。这一年，我们党酝酿并正式提出了党在过渡时期的总路线。过渡时期总路线，也就是让个体农民通过互助合作的办法，实行生产集体化，一步一步过渡到社会主义的路线。为什么新中国成立仅三年、农村土地改革刚刚完成、大规模的新民主主义建设尚未完全展开之时，就又提出向社会主义过渡的任务呢？显然，这是需要向广大的农民、手工业者和工商界作广泛深入的宣传解释和教育引导工作的。"共同富裕"就是在这样的背景下、在这个过程中，首先着眼于教育引导广大农民把个人土地所有制变为集体土地所有制——走集体化道路而提出来的"明白易懂"又能够为农民所接受的美好愿景和重要概念。

1953年11月9日，《人民日报》发表《必须大张旗鼓地向农民宣传过渡时期的总路线》的社论，强调"实行农业的社会主义改造乃是全体农民的唯一光明大路""这样的结果是大家富裕"。从当年11月26日起，《人民日报》在第3版特别开设了"向农民宣传总路线"专栏，先后发表了廖盖隆、郭小川、吴江、熊复等撰写的8篇宣传文章。这些文章指出，对农民来说，"三十亩地一头牛"这种小农经济的生活是算不得富裕的，因为个体农民耕地少，耕种分散，技术落后，收获量少，一年到头费尽辛苦，收入还是有限得很，"只有农民联合起来组织农业生产合作社，走社会主义道路，才能使农业生产进步，使全体农民都过富裕的生活""才能大家共同富裕"。著名诗人郭小川在给专栏的投稿中则直接把"共同富裕"与"社会主义"联结起来，指出：土地改革完成以后，摆在个体农

第三章
中国共产党对厚德载物的传承与发展

民面前的只有两条路：一条路是向社会主义发展；另一条路是向资本主义发展。"走资本主义的路，是少数人发财、绝大多数人贫穷破产的路，对于广大农民说来，是极其悲惨、极其痛苦的路"；只有"社会主义的路是农民共同富裕的路"。什么是社会主义呢？郭小川写道，在农村，社会主义就是劳动人民共同占有生产资料（土地、大农具、大牲畜等），大家联合起来用新式农具、农业机器和新的农作法进行大规模生产，分配方法是"按劳取酬"，生产的东西特别多，鳏寡孤独也能够得到社会的照顾，"使大家能够共同富裕"。总之，"社会主义社会是最幸福、最光明的社会""可以使农民一步步共同富裕起来""在社会主义的路上走一步就有一步的好处，越往前走，好处越大。"

根据党中央的统一部署，从1953年下半年起，全国各地农村通过放映电影、幻灯、举行图片实物展览会等农民喜闻乐见的多种形式，聚焦"社会主义与资本主义两条道路""社会主义工业化对农民有什么好处"等问题，普遍向农民群众开展了过渡时期总路线的宣传教育，使农民逐步认识到"只有走社会主义的道路，才能永远摆脱贫困走上大家共同富裕的道路"。通过深入广泛的宣传引导，"共同富裕"不仅为广大农民所接受，也很快得到了全国工商界人士和其他社会阶层的理解认可。1955年11月22日，《人民日报》发表的《全国工商联执委会会议告全国工商界书》中写道：

我们国家的社会主义经济建设一天一天在蓬勃发展，我们的祖国一天一天在繁荣富强，我们国家的事业是无限宽广的，工作是作不完的。我们建设社会主义的目的，就是要大家有事做，有饭吃，大家共同富裕。

全国工商界青年积极分子大会在致毛泽东的保证书中说："我们只有在中国共产党和您的教导下，才懂得了资本主义腐朽的本质和社会发展的必然趋势，而选择了使全国人民共同富裕的社会主义康庄大道。""我们一定和全国人民全国青年一道，为把我国建设成为一个繁荣昌盛的社会主义国家而奋斗到底！"全国妇女界人士也认识到："社会主义是如此与人民的生活福利相关联，它是一条这样美好的使全体人民走向共同富裕的康庄大道，中国人民包括中国妇女在内，大家都喜欢它，拥护它。"

毛泽东是"共同富裕"的最早倡导者和积极实践者。1949年7月，新中国成立前夕，美国国务卿艾奇逊给总统杜鲁门写了一封信，信中说："中国人口在十八、十九两个世纪里增加了一倍，因此使土地受到不堪负担的压力。人民的吃饭问题是每个中国政府必然碰到的第一个问题。一直到现在没有一个政府使这个问题得到了解决。"艾奇逊的意思很清楚，认为中国的长期贫困主要是由人多地少这个客观情况造成的，是哪个政府都解决不了的难题。毛泽东驳斥了艾奇逊的论调，认为"革命能改变一切，一个人口众多、物产丰盛、生活优裕、文化昌盛的新中国，不要很久就可以到来"。毛泽东把走社会主义道路作为消除中国的贫困、达到全体人民共同富裕的唯一

第三章
中国共产党对厚德载物的传承与发展

出路。1953年10月,还在酝酿提出"共同富裕"概念时,他就明确提出,走"资本主义道路,也可增产,但时间要长,而且是痛苦的道路"。这种"痛苦"就痛苦在走资本主义道路,最终带给人民的是两极分化、贫富悬殊的结果,这与中国共产党的性质宗旨、初心使命相悖,更与人民的期盼愿望相悖,因此,毛泽东明确表示,"我们不搞资本主义,这是定了的"。怎样才能避免资本主义的痛苦,让国家富强、全体人民过上幸福生活呢?毛泽东强调:

> 但是,现在我们实行这么一种制度,这么一种计划,是可以一年一年走向更富更强的,一年一年可以看到更富更强些。而这个富,是共同的富,这个强,是共同的强,大家都有份……①
>
> 这种共同富裕,是有把握的,不是什么今天不晓得明天的事。那种不能掌握自己命运的情况……②

这种"有把握"能够实现"共同富""共同强""更富更强",最终实现"共同富裕"的制度,毫无疑问,就是社会主义制度。一言以蔽之,仍如毛泽东所言,"全国大多数农民,为了摆脱贫困,改善生活,为了抵御灾荒,只有联合起来,向社会主义大道前进,才能达到目的"。

---

① 《毛泽东文集》第六卷,人民出版社1999年版,第495页。
② 《毛泽东文集》第六卷,人民出版社1999年版,第496页。

读懂厚德载物

从以上过程可以看出,"共同富裕"从提出的第一天起,就是与"社会主义"紧密联系、牢牢"捆绑"在一起的概念。1956年三大改造的完成,标志着社会主义的基本经济制度在中国全面地建立起来了。社会主义制度以其公平性与集中力量办大事的优势,提高了人民群众的积极性、创造性,促进了生产力的发展,极大地改变了我国贫穷落后的面貌。1957年我国工农业总产值达到1241亿元,按可比价格计算,比1952年增长了67.8%;其中工业总产值704亿元,所占比重由1952年的43.1%上升到56.7%。重工业生产在工业总产值中的比重,由1952年的35.5%提高到45%。1956年,全国居民的消费水平比1952年提高了21.3%。

改革开放和社会主义现代化建设新时期,一直到1992年春天,邓小平曾从不同的角度分别多次强调:贫穷不是社会主义,社会主义就是要消灭贫穷,使全体人民共同富裕起来,共同富裕是社会主义的目的,是社会主义的根本原则,是社会主义的本质。这些谈话中反复出现的一个主题思想——坚持中国特色社会主义道路,也就是坚持走中国人民共同富裕的道路。邓小平针对我国人民生活水平长期没有得到改善的局面,对我国社会主义革命和建设的经验教训,进行了深刻的历史反思和理论探索。

> 没有贫穷的社会主义。社会主义的特点不是穷,而是富,但这种富是人民共同富裕。[1]

---

[1]《邓小平文选》第三卷,人民出版社1993年版,第265页。

第三章
中国共产党对厚德载物的传承与发展

社会主义的本质，是解放生产力，发展生产力，消灭剥削，消除两极分化，最终达到共同富裕。①

在对社会主义本质的新概括中，邓小平既讲到了生产力问题，又讲到了生产关系问题，而最终用"共同富裕"把社会主义的生产力和生产关系统一起来，把社会主义的根本任务和根本目标统一起来，把社会主义的物质基础与社会关系统一了起来，把社会主义的发展过程和最终目的统一了起来，并且划清了社会主义和资本主义的根本区别，就是社会主义坚持共同富裕，不搞两极分化。1990年12月，邓小平明确指出，共同富裕"将来总有一天要成为中心课题。社会主义不是少数人富起来、大多数人穷，不是那个样子。社会主义最大的优越性就是共同富裕，这是体现社会主义本质的一个东西"。

对实现共同富裕的问题，邓小平讲得最多而又简洁明了：允许和鼓励一部分有条件发展快的地区和个人，通过诚实劳动和合法经营先富起来，先富起来的地区和个人，帮助和带动发展慢的地区和个人，最终达到共同富裕。先富加上后富，最终实现共同富裕，这可以说是邓小平共同富裕构想中最具创造性的思想，是对实现共同富裕的一种规律性认识。早在1978年改革开放之初，邓小平就把打破平均主义"大锅饭"，允许一部分地区和个人先富起来，作为解放思想，激发人民群众生产积极性的一个大政策提了出来。

---

① 《邓小平文选》第三卷，人民出版社1993年版，第373页。

读懂厚德载物

我们提倡按劳分配，对有特别贡献的个人和单位给予精神奖励和物质奖励；也提倡一部分人和一部分地方由于多劳多得，先富裕起来。这是坚定不移的。①

只要我国经济中公有制占主体地位，就可以避免两极分化。当然，一部分地区、一部分人可以先富起来，带动和帮助其他地区、其他的人，逐步达到共同富裕。②

我们的政策是让一部分人、一部分地区先富起来，以带动和帮助落后的地区，先进地区帮助落后地区是一个义务。我们坚持走社会主义道路，根本目标是实现共同富裕，然而平均发展是不可能的。过去搞平均主义，吃"大锅饭"，实际上是共同落后，共同贫穷，我们就是吃了这个亏。改革首先要打破平均主义，打破"大锅饭"，现在看来这个路子是对的。③

"先富"帮"后富"这一大政策和新办法，反映了社会主义初级阶段生产力和生产关系的现状，是符合中国实际的正确的战略决策。因为，第一，共同富裕只有随生产力的发展和社会财富的增加，才会逐步实现。我国人口多，底子薄，决定了实现共同富裕必须经过一个较长的历史发展过程。第二，由于历史、地理、传统和文化等多方面的原因，我国现实生产力存在多层次、非均质的特点，物质

---

① 《邓小平文选》第二卷，人民出版社1993年版，第258页。
② 《邓小平文选》第三卷，人民出版社1993年版，第149页。
③ 《邓小平文选》第三卷，人民出版社1993年版，第155页。

第三章
中国共产党对厚德载物的传承与发展

基础、资金积累、生产条件、劳动资源都不一样。无视这些差别，不利于消灭差别；承认差别，允许和鼓励有条件的先发展，先走一步，条件差的创造条件，逐步发展，才能缩小差别，最终消除差别。第三，在我国存在的多种经济成分中，由于生产关系不同，资本有机构成不同，经营水平和机遇不同，分配方式不同，人们的收入水平和富裕程度自然不会一样。第四，就每一个劳动者来说，人们的智力、体力和技能不同，平均收入和实际富裕程度也不一样。总之，共同富裕决不可能是同时富裕、齐步走。因此，让一部分有条件的地区和个人先富起来，便成了共同富裕的现实基础和逻辑起点。不仅如此，这还是"加速发展、达到共同富裕的捷径"。

江泽民强调："实现共同富裕是社会主义的根本原则和本质特征，绝不能动摇。"实施西部大开发战略，是以江泽民同志为主要代表的中国共产党人总揽全局，在分析国内外形势发展变化的基础上，为改变我国东西部经济发展不平衡局面，进一步推进我国现代化建设而作出的重大战略决策。这一战略，充分体现了实现共同富裕的社会愿景。1992年1月，江泽民就在中央民族工作会议上指出西部民族地区蕴含着巨大的发展潜力。

我国经济的发展，离不开东部地区，也离不开中西部地区包括民族地区的经济振兴。西部民族地区的多种丰富资源和某些产业，在我国经济发展中占有举足轻重的地位，蕴藏着巨大的发展潜力。①

在随后数年的重要会议中,以江泽民同志为主要代表的中国共产党人不断完善其对西部地区建设的判断和想法。十五届四中全会作出了《中共中央关于国有企业改革和发展若干重大问题的决定》,明确提出国家要实施西部大开发战略。

> 国家要实施西部大开发战略。中西部地区要从自身条件出发,发展有比较优势的产业和技术先进的企业,促进产业结构的优化升级。东部地区要在加快改革和发展的同时,本着互惠互利、优势互补、共同发展的原则,通过产业转移、技术转让、对口支援、联合开发等方式,支持和促进中西部地区的经济发展。②

党中央作出西部大开发的战略部署,在全国人民中引起了强烈的反响,在国际上也引起了普遍关注。按照中央要求,国家发展计划委员会同有关部门共同研究,提出了实施西部大开发战略的初步设想,向中央政治局常委会议和中央政治局会议作了汇报。2000年1月13日,中共中央、国务院印发《关于转发国家发展计划委员会〈关于实施西部大开发战略初步设想的汇报〉的通知》,阐明了西部

---

① 《江泽民文选》第一卷,人民出版社2006年版,第182—183页。
② 《十五大以来重要文献选编》中,中央文献出版社2011年版,第169页。

第三章
中国共产党对厚德载物的传承与发展

大开发的重大意义、指导思想、重点任务、政策措施，成为指导西部大开发的纲领性文件。为加强对西部大开发的领导，国务院于1月16日成立了西部地区开发领导小组，具体负责组织贯彻落实党中央、国务院关于西部地区开发的方针、政策和指示。实施西部大开发战略就此拉开了序幕。西部大开发战略的实施，加强了地区之间的经济合作，使全国经济社会发展的整体格局发生了新的变化，对整个国民经济在复杂多变的世界经济形势下保持较快发展，发挥了重要作用。

  西部大开发，也带动和促进了中部地区更好地发挥承东启西的重要作用。西部地区生态环境的改善，对全国实现可持续发展将产生深远的影响。我国经济社会发展整体格局发生的这种可喜变化，将为最终实现东中西部地区协调发展和共同富裕打开新的局面。①

党的十六大以后，以胡锦涛同志为主要代表的中国共产党人，着力推进社会主义共同富裕。胡锦涛反复强调："必须坚持走共同富裕道路。共同富裕是中国特色社会主义的根本原则""我们要建设的现代化，是物质文明和精神文明全面发展的社会主义现代化""使全体人民共享改革发展的成果，使全体人民朝着共同富裕的方向稳步前进"。2002年党的十六大首次提出统筹城乡经济社会发展的要求，

---

① 江泽民：《论社会主义市场经济》，中央文献出版社2006年版，第590页。

读懂厚德载物

其后进一步提出"工业反哺农业、城市支持乡村"的基本方针,以缩小城乡差别、工农差别、脑体差别,实现共同富裕。党的十六届五中全会提出建设社会主义新农村,将"以工促农、以城带乡"的发展策略更加具体化和明晰化。2007年党的十七大对全面建设小康社会提出新要求,实现共同富裕在各个方面、多个领域全面铺开。

全面取消农业税,是加快共同富裕进程的一项重要举措。2003年,全国所有省区市全面推开农村税费改革试点工作,中央财政安排305亿元用于税费改革的专项转移支付。12月31日,中共中央、国务院印发《关于促进农民增加收入若干政策的意见》,强调按照统筹城乡经济社会发展的要求,坚持"多予、少取、放活"的方针。

> 综观一些工业化国家发展历程,在工业化初始阶段,农业支持工业、为工业提供积累是带有普遍性的趋向;但在工业化达到相当程度以后,工业反哺农业、城市支持农村,实现工业与农业、城市与农村协调发展,也是带有普遍性的趋向。①

2004年9月,胡锦涛在党的十六届四中全会上指出,要把解决好农业、农村和农民问题作为全党工作的重中之重,坚持"多予、少取、放活"的方针,努力增加农民收入。2004年的《政府工作报告》提出,五年内取消农业税。"从今年起,逐步降低农业税税率,

---

① 《胡锦涛文选》第二卷,人民出版社2016年版,第247页。

第三章
中国共产党对厚德载物的传承与发展

平均每年降低一个百分点以上,五年内取消农业税。"①2005年12月31日,《中共中央、国务院关于推进社会主义新农村建设的若干意见》中正式提出:"进一步深化以农村税费改革为主要内容的农村综合改革。二〇〇六年,在全国范围取消农业税。"② 全面取消农业税在中国农业史上具有里程碑意义。据统计,到2006年全面取消农业税后,与免税前的1999年同口径相比,全国农村税费改革每年减轻农民负担1250亿元,人均减负140多元,农民负担重的状况得到根本性扭转。

中国特色社会主义进入新时代,以习近平同志为核心的党中央坚持以人民为中心的发展思想,把逐步实现全体人民共同富裕摆在更加重要的位置上。党的十八大以来,习近平总书记站在新时代坚持和发展中国特色社会主义的战略和全局高度,就扎实推动共同富裕发表一系列重要讲话,作出一系列重要部署,为逐步实现全体人民共同富裕提供了科学指引。2012年11月15日,在与中外记者见面会上,习近平总书记郑重宣示"人民对美好生活的向往,就是我们的奋斗目标",强调要"坚定不移走共同富裕的道路",充分彰显了团结带领全党全国各族人民走共同富裕道路的决心信心。2012年12月29日至30日,习近平总书记踏雪前往河北省阜平县考察扶贫开发工作,深刻指出:"消除贫困、改善民生、实现共同富裕,是社会主义的本质要求"。以此为起点,习近平总书记作出向贫困宣战

---

① 《十六大以来重要文献选编》上,中央文献出版社2011年版,第833页。
② 《十六大以来重要文献选编》下,中央文献出版社2011年版,第151页。

的战略部署，向全党全国发出了新时代脱贫攻坚的动员令。2015年10月，在党的十八届五中全会上，习近平总书记创造性提出以人民为中心的发展思想和新发展理念，强调必须坚持发展为了人民、发展依靠人民、发展成果由人民共享，作出更有效的制度安排，使全体人民朝着共同富裕方向稳步前进，绝不能出现"富者累巨万，而贫者食糟糠"的现象。2017年10月18日，在党的十九大报告中，习近平总书记明确指出："必须坚持以人民为中心的发展思想，不断促进人的全面发展、全体人民共同富裕"。在实现第二个百年奋斗目标的"两步走"战略安排中，习近平总书记对促进共同富裕提出明确要求：到2035年"全体人民共同富裕迈出坚实步伐"，到本世纪中叶"全体人民共同富裕基本实现"。2020年10月，在党的十九届五中全会上，习近平总书记明确指出："我们推动经济社会发展，归根结底是要实现全体人民共同富裕"，"必须把促进全体人民共同富裕摆在更加重要的位置"。全会对促进共同富裕作出重要部署，提出到2035年"全体人民共同富裕取得更为明显的实质性进展"，在改善人民生活品质部分突出强调了"扎实推动共同富裕"。2021年1月11日，在省部级主要领导干部学习贯彻党的十九届五中全会精神专题研讨班上，习近平总书记从党的根本宗旨高度强调："实现共同富裕不仅是经济问题，而且是关系党的执政基础的重大政治问题"，要"让人民群众真真切切感受到共同富裕不仅仅是一个口号，而是看得见、摸得着、真实可感的事实"。2021年1月28日，习近平总书记在主持十九届中央政治局第二十七次集体学习时强调："进入新发展

第三章
中国共产党对厚德载物的传承与发展

阶段，完整、准确、全面贯彻新发展理念，必须更加注重共同富裕问题""促进全体人民共同富裕是一项长期任务，也是一项现实任务，急不得，也等不得，必须摆在更加重要的位置，脚踏实地，久久为功，向着这个目标作出更加积极有为的努力"。2021年7月1日，在庆祝中国共产党成立100周年大会上，习近平总书记深刻揭示中国共产党过去为什么能够成功、未来怎样才能继续成功的根本所在，强调："必须团结带领中国人民不断为美好生活而奋斗""着力解决发展不平衡不充分问题和人民群众急难愁盼问题，推动人的全面发展、全体人民共同富裕取得更为明显的实质性进展！"2021年10月9日，习近平总书记在纪念辛亥革命110周年大会上再次强调指出，要"不断满足人民过上美好生活的新期待，不断推进全体人民共同富裕"。2022年10月16日，在党的二十大报告中，习近平总书记指出："中国式现代化是全体人民共同富裕的现代化。共同富裕是中国特色社会主义的本质要求，也是一个长期的历史过程。我们坚持把实现人民对美好生活的向往作为现代化建设的出发点和落脚点，着力维护和促进社会公平正义，着力促进全体人民共同富裕，坚决防止两极分化。"2023年11月15日，在美国友好团体联合欢迎宴会上，习近平总书记指出"共同富裕，是中国人民的共同期盼"，强调"我们致力于共同富裕，让每一个中国人都过上美好生活""我们的目标不是少数人的富裕，而是全体人民共同富裕"。

实现全体人民共同富裕是中国式现代化的一项本质要求。习近平总书记指出："共同富裕是社会主义的本质要求，是中国式现代化的重要特征。"这深刻阐明了共同富裕和中国式现代化的关系。共同富裕包含生产力和生产关系两个方面的特征。"富裕"体现社会生产力的发展水平,表现为社会财富数量多;"共同"体现社会生产关系的性质,反映财富分配的结果。中国式现代化是中国共产党领导的社会主义现代化,深深植根于中华优秀传统文化,体现科学社会主义的先进本质,借鉴吸收一切人类优秀文明成果,坚持以人民为中心的发展思想,着力促进全体人民共同富裕。因此,实现全体人民共同富裕成为中国式现代化的一项本质要求。富裕是各国现代化追求的目标,但和西方现代化不同,中国式现代化追求的是全体人民共同富裕,不是少数人的富裕。追求全体人民共同富裕,丰富了现代化的内涵,为解决贫富分化问题贡献了中国智慧和中国方案。走中国式现代化道路,就是要解决好发展不平衡不充分、城乡区域发展和收入分配差距较大等问题,正确处理效率和公平的关系,构建初次分配、再分配、三次分配协调配套的基础性制度安排,既不断做大蛋糕,又分好蛋糕,促进社会公平正义。

历经党和人民数十年的团结奋斗,我们终于在中华大地上全面建成了小康社会,历史性地解决了绝对贫困问题,夺取了新中国建设、中华民族伟大复兴进程中的历史性胜利,写下了中国经济社会发展、人类文明进步历史上浓墨重彩、绚丽夺目的一笔,在人类的伟大时间历史中创造了中华民族的伟大历史时间。

全面建成小康社会作为党和人民团结奋斗赢得的历史性胜利,意味着社会主义能够创造出更高水平的生产力,激发整个社会从经

第三章
中国共产党对厚德载物的传承与发展

济基础到上层建筑各个方面变革重组的根本动力,支撑中国社会发展向更高层面的美好样态不断展开和逐步演进;标志着彻底消除了绝对贫困,整体性提升了人民生活水平,中国人民朝着实现共同富裕、过上美好生活的宏伟目标阔步迈进。全面建成小康社会科学解答了"人们首先必须吃、喝、住、穿"这一人类经济社会发展的重大基础性课题,成功实现了"民亦劳止,汔可小康"这一中华儿女企冀追逐数千年的悠久梦想,铸就了中华民族发展史上的重要里程碑,有力提振了全党全国人民以中国式现代化全面推进中华民族伟大复兴的信心和决心。

农村贫困人口全部脱贫,为实现全面建成小康社会目标任务作出了关键性贡献。党的十八大以来,平均每年一千多万人脱贫,相当于一个中等国家的人口脱贫。贫困人口收入水平显著提高,全部实现"两不愁三保障",脱贫群众不愁吃、不愁穿,义务教育、基本医疗、住房安全有保障,饮水安全也都有了保障。二千多万贫困患者得到分类救治,曾经被病魔困扰的家庭挺起了生活的脊梁。近二千万贫困群众享受低保和特困救助供养,二千四百多万困难和重度残疾人拿到了生活和护理补贴。①

全面建成小康社会,国家综合实力迈上了一个大台阶。我国国

---

① 《习近平著作选读》第二卷,人民出版社2023年版,第432页。

读懂厚德载物

内生产总值从 1952 年的 679.1 亿元跃升至 2020 年的 101.6 万亿元。人均国内生产总值从新中国成立初期的几十美元增加到 2020 年的超过 1 万美元，实现了从低收入国家向中低收入国家、再到中高收入国家的跃升。我国城镇化率超过 60%，中等收入群体超过 4 亿人，我国已经稳居世界第二大经济体，成为第一大工业国、第一大货物贸易国、第一大外汇储备国。我国是全球唯一拥有联合国产业分类中全部工业门类的国家，220 多种工业产品产量位居世界第一，重大科技成果持续涌现，科技进步对经济增长的贡献率超过 60%，实现了从农业大国到工业大国的历史性转变。

全面建成小康社会，人民群众的获得感、幸福感、安全感明显提升。"十三五"期间，城镇新增就业人数累计超过 6000 万人，基本医疗保险覆盖超过 13 亿人，基本养老保险覆盖近 10 亿人，建成世界上规模最大的社会保障体系……一系列数据彰显了人民群众的实际生活状态和现实获得感。绿水青山就是金山银山理念成为全党全社会的共识和行动，生态环境保护发生历史性、转折性、全局性变化，人民群众越来越多地享受到天更蓝、山更绿、水更清的优美环境。

全面建成小康社会为中国特色社会主义持续发展奠定了坚实基础。首先，生产力质的飞跃夯实雄厚物质基础。全面建成小康社会解放和发展了社会生产力，我国综合国力显著增强。尤其是新时代以来，我国以科技赋能生产力的方式，完成从粗放型式量的积累到集约型式质的飞跃，实现生产力根本性变革、经济结构优化调整，

第三章
中国共产党对厚德载物的传承与发展

为全面建设社会主义现代化国家提供了持久动力。

其次，制度构建及治理能力提供支撑保障。即坚持和巩固中国特色社会主义制度、完善和提升国家治理体系和治理能力提供了支撑保障。全面建成小康社会一定意义上是国家治理现代化的阶段性重大成果，反映了中国特色社会主义制度演进和国家治理变迁历程，创造了丰富的制度成果，形成了以坚持党的领导为核心与统领，涵括根本制度、基本制度、重要制度等系列制度类型，充分发挥中国特色社会主义制度的优越性，有效推动制度优势更好转化为治理效能，为全面建成小康社会之后顺利推进中国式现代化行稳致远提供了不可或缺的保障支撑。

最后，人民拥护厚植广泛群众基础。全面建成小康社会是中国共产党顺应历史潮流、兑现政治承诺，践履为中国人民谋幸福、为中华民族谋复兴之初心使命的关键一招，广大人民群众赢得了实实在在的物质实惠、取得了丰沛充盈的精神满足，是符合人民群众根本利益的人心所向、民生要事。党领导人民打江山、守江山，守的是人民的心。毫无疑问，中国共产党赢得了民心这个最大的政治，得到了广大人民群众的拥护和支持，使实现第二个百年奋斗目标的现实基础更加广泛深厚、更为牢固坚实，汇聚凝结出了全面建设社会主义现代化国家、全面推进中华民族伟大复兴的磅礴伟力。

我国减贫历程波澜壮阔，中国共产党始终从基本国情出发，分阶段设定目标、有步骤接续奋斗、抓重点破解关键问题，领导团结中国人民彻底消除绝对贫困。这些在实践中产生并经实践检验的经

读懂厚德载物

验做法和制度成果,为全球减贫事业提供了中国经验。迈上新征程,党中央将实现共同富裕作为新发展阶段的重大理论和实践问题。可以自豪地说,中国全面建成小康社会,证明了各个民族、各个国家可以自主选择适合本国国情的发展道路来摆脱贫困和走向现代化,实现了世界范围内脱贫理念、脱贫路径、脱贫模式等的多样性变革创新,缩小了世界贫困人口的版图,为世界各国特别是发展中国家和人民减贫脱贫注入了发展信心、提供了实践样本,彰显出构建人类命运共同体的大国担当与中国力量。

> 创造了减贫治理的中国样本,为全球减贫事业作出了重大贡献。摆脱贫困一直是困扰全球发展和治理的突出难题。改革开放以来,按照现行贫困标准计算,我国7.7亿农村贫困人口摆脱贫困;按照世界银行国际贫困标准,我国减贫人口占同期全球减贫人口70%以上。特别是在全球贫困状况依然严峻、一些国家贫富分化加剧的背景下,我国提前10年实现《联合国2030年可持续发展议程》减贫目标,赢得国际社会广泛赞誉。[①]

摆脱贫困一直是困扰全球发展和治理的突出难题,中国以自身实践创造了减贫治理的中国样本。中国立足本国国情,深刻把握减贫规律,出台一系列超常规政策举措,构建了一整套行之有效的政

[①]《习近平著作选读》第二卷,人民出版社2023年版,第435页。

第三章
中国共产党对厚德载物的传承与发展

策体系、工作体系、制度体系，走出了一条中国特色减贫道路，形成了中国特色反贫困理论。中国消除绝对贫困的成功实践和宝贵经验，深化了对人类减贫规律的认识，丰富发展了人类反贫困理论，提振了各国特别是广大发展中国家消除绝对贫困的信心，为其他国家选择适合自己的减贫发展道路提供了参考和借鉴，为破解现代国家治理难题、开辟人类社会发展更加光明的前景提供了中国方案。

进入新时代，中国特色社会主义主要矛盾已经转化为人民日益增长的美好生活需要和不平衡不充分的发展之间的矛盾。实际上，全面建成小康社会是主要矛盾不断得到解决的阶段性成果之一。重新梳理可以发现，中国共产党百余年奋斗史，也是带领中国人民追求美好生活的奋斗史。新民主主义革命时期，针对如何站起来的时空命题，中国共产党团结带领中国人民推翻帝国主义、封建主义、官僚资本主义三座大山，建立了人民当家作主的中华人民共和国，实现了民族独立和人民解放，为实现现代化创造了根本社会条件，这也是实现人民美好生活追求的基本前提。这一时期的美好生活话语叙事主要聚焦于"独立""解放"等主题。社会主义革命和建设时期，中国共产党团结带领中国人民进行社会主义革命，确立社会主义基本制度，建立起独立的比较完整的工业体系和国民经济体系，为现代化建设奠定根本政治前提、宝贵经验、理论准备和物质基础，这也使人民真正拥有实现美好生活的现实条件和实践基础。这一时期的美好生活话语叙事主要聚焦于"温饱""建设"等主题。改革开放和社会主义现代化建设新时期，中国共产党从对社会主义本质的追问、对保持党的先进性的追求到对以人为本的科学发展观的探寻，实现了人民生活从温饱不足到总体小康再到奔向全面小康的历史性跨越，为实现人民对美好生活的追求夯实经济社会发展基础。这一时期的美好生活话语叙事主要聚焦于"富裕""小康"等主题。中国特色社会主义新时代，以习近平同志为核心的党中央围绕实现人民美好生活追求全面谋篇布局、提质加速推进，从满足人民对美好生活的向往开启美好生活新追求、以"两个一百年"擘画美好生活新目标，到以"五位一体"总体布局勾勒美好生活总体格局、以"四个全面"战略布局推进美好生活实践。这一时期的美好生活话语叙事范围全面拓展，从经济建设到政治建设、文化建设、社会建设和生态文明建设，叙事主题主要聚焦于"扎实推动共同富裕""中国式现代化"等关键词。随着叙事主题的不断深化和演进，美好生活话语叙事也不断生成新的表达。我们党不断形成、提升和深化对美好生活的认识，发展出针对不同时空特点和需求的美好生活话语叙事表达，不断拓展美好生活话语叙事深度，体现了美好生活叙事主题随时空命题变化而不断演进的历史逻辑。

第四节　明德弘道：传承弘扬中华传统美德

　　自古以来，中华民族就特别崇尚道德、敬畏道德。厚德载物、明德弘道作为中华优秀传统文化的重要元素之一，历经数千载沧桑岁月，凝聚着中华民族传统道德观念的核心要义。明德弘道是根据《尚书》《论语》等经典总结出来的名言。"明德"始见于《尚书》中"黍稷非馨，明德惟馨""明德慎罚"等句，大意为彰明德行。"弘道"出自《论语》中孔子所言："人能弘道，非道弘人。"大意为人能积极主动地把道发扬光大，而不应依赖和利用道来满足私心。明德系立身之本，弘道乃处事之则。明德和弘道兼顾内在超越和外在求索，并通过以德近道、德合于道，蕴含了道德主体责任与义务、理想与现实的统一。事实上，我国古代德治思想最为重要的方面是注重治国者的素质，治国者的素质成为善政德治的关键环节，关系到国家的兴衰成败。一方面，这种要求维护了封建统治者作为整个社会最终管理者的地位；另一方面，这无疑也是因为历史局限性，无法在人治之外，寻求更好地约束社会发展进程的方法。先秦思想家除了上述论述外，还有许多相关内容。

读懂厚德载物

> 举直错诸枉，则民服；举枉错诸直，则民不服。①
>
> 君仁，莫不仁；君义，莫不义；君正，莫不正。一正君而国定矣。②

孔子主张任用贤才，认为任用正直的人，民众才能信服，反之，任用不贤者，则民不服。孔子的任贤思想得到后世历代思想家们的继承和发展。孟子认为，作为君主，要自身正、行仁义，这样才能四海归顺，天下太平。为了治国安邦的需要，古代社会的思想家们大都提倡加强君臣自身修养，倡导任贤选能，并把圣君贤臣看成是一种理想的政治秩序。今天来看，我国古代推崇贤人治国，有其历史局限性，其最终目的是为维护古代君主的统治地位服务的，而其所谓贤者，也是从统治者的利益出发而取舍的。尽管这样，贤者治国的优秀传统还是应该肯定和借鉴的，任人唯贤在新时代应有其全新的含义，应该按照新时代的用人标准选拔人才，正如习近平总书记指出的："治国之要，首在用人，也就是古人说的：'尚贤者，政之本也'，'为政之要，莫先于用人'。"中国古代贤者治国的思想是中华优秀传统文化和民族精神的一大精华，应该为我们所继承和发扬。

---

① 〔魏〕何晏注、〔宋〕邢昺疏：《论语注疏》，〔清〕阮元校刻：《十三经注疏》下，上海古籍出版社1997年版，第2462—2463页。

② 〔汉〕赵岐注、〔宋〕孙奭疏：《孟子注疏》，〔清〕阮元校刻：《十三经注疏》下，上海古籍出版社1997年版，第2723页。

第三章 中国共产党对厚德载物的传承与发展

一、勤修为政之德，提升党员领导干部的政德修养

对"德"的推崇，是中华优秀传统文化的一大特色。对于统治者，往圣先贤主张"修齐治平""内圣外王"，就是治国平天下的人不能只有王者的权威，还要有圣贤的人格。对于国家治理，儒家讲求"为政以德""导之以德"，就是要以德治国、用德来引领百姓，这样才能得到民心，国家才能实现善治。2014年5月9日至10日，习近平总书记在河南考察时强调，中华民族是重视道德、崇尚修德的民族，历来强调"道德当身，故不以物惑"，"道之以德，齐之以礼，有耻且格"，"为政以德，譬如北辰，居其所而众星拱之"。厚德载物、为政以德，不仅明确指出了施行仁政德治对政治生活的决定性作用，还强调了为政者要发挥好道德引领作用。

"国无德不兴，人无德不立。"为政者的操守和品行如何，关乎民心向背，关乎社会公平正义，关乎国家兴衰存亡。为政者以德修身，才能以德立威、以德服众。习近平同志在《之江新语》中指出：

> 在历史的长河中，那些帝国的崩溃、王朝的覆灭、执政党的下台，无不与其当政者不立德、不修德、不践德有关，无不与其当权者作风不正、腐败盛行、丧失人心有关。[①]

从革命理想高于天的信仰坚守到全心全意为人民服务的宗旨意

[①] 习近平：《之江新语》，浙江人民出版社2007年版，第258页。

读懂厚德载物

识,从"三大作风""三个务必"的严明要求到"德才兼备,以德为先"的用人标准,百余年来,立党兴党强党的卓越历史伟业,为党员干部加强政治品德修养提供了不竭的精神力量。

中国共产党作为全心全意为人民服务的马克思主义执政党,历来十分重视政德建设,把思想道德的提升当作党性修养的重要组成部分,把政德建设纳入党的建设的总体部署。在延安时期,毛泽东就对共产党员提出要求,要做一个高尚的人、纯粹的人、有道德的人、脱离低级趣味的人、有益于人民的人;1949年新中国成立前夕,他在党的七届二中全会上还告诫全党"务必使同志们继续地保持谦虚、谨慎、不骄、不躁的作风,务必使同志们继续地保持艰苦奋斗的作风"。"两个务必"传承中华优秀传统文化的精华,是作风的要求,也是德性的要求。邓小平同样高度重视党员干部的道德修养,他指出:"党和政府愈是实行各项经济改革和对外开放的政策,党员尤其是党的高级负责干部,就愈要高度重视、愈要身体力行共产主义思想和共产主义道德。"[①] 江泽民提出:"我们在建设有中国特色社会主义,发展社会主义市场经济的过程中,要坚持不懈地加强社会主义法制建设,依法治国,同时也要坚持不懈地加强社会主义道德建设,以德治国。"胡锦涛强调"以德为先"的用人导向,突出了"德"在选人用人标准和干部标准中的优先地位和主导作用。习近平总书记高度重视政德建设。早在1990年3月,时任宁德地委书记的习近平同志,就在《从政杂谈》中提出为官之德在于清廉。2003年

[①]《邓小平文选》第二卷,人民出版社1994年版,第367页。

第三章
中国共产党对厚德载物的传承与发展

至2007年,时任浙江省委书记的习近平同志,在《用权讲官德交往有原则》《多读书,修政德》《做人与做官》等文中,将共产党人的官德概括为为民、务实和清廉,并提出要"常修为政之德、常思贪欲之害、常怀律己之心"。2014年5月,习近平总书记在北京大学师生座谈会上第一次将道德分成大德、公德、私德三个层次。2016年1月12日,习近平总书记在十八届中央纪律检查委员会第六次全会上强调,中华民族历来都有珍惜名节、注重操守、干净为官的传统,历来都讲"为政以德""守土有责",领导干部要秉公用权、廉洁用权,做遵纪守法的模范,同时要坚持原则、敢抓敢管。2018年3月全国两会期间,习近平总书记强调:"领导干部要讲政德。政德是整个社会道德建设的风向标。"

政德关系到党的执政地位和执政能力,政德建设是培养执政骨干、完成党的执政使命的客观需要。"政德兴,则政权安;政德衰,则政权乱。"中国古代贤能的统治者已深刻认识到,官德影响民风是否淳朴,关乎国家治乱安危。历史和现实都反复证明,从政者常修为政之德,社会才会风清气正,事业才会兴旺发达,人民才会幸福安康。领导干部的政德状况如何,直接关系党在人民群众心目中的形象,关系党的创造力、凝聚力、战斗力,关系党和国家事业兴衰成败。对于"什么样的人该用,什么样的人重用",我们党坚持德才兼备、以德为先,提出了信念坚定、为民服务、勤政务实、敢于担当、清正廉洁的新时代好干部标准。从大的方面说,好干部的标准就是要求德才兼备。干部有才无德会坏事,有德无才会误事,有德有才方能干成事。习近平总书记指出："一个人只有明大德、守公德、严私德，其才方能用得其所。"

习近平总书记提出的"明大德、守公德、严私德"新时代政德观，形象展现了中国共产党作为马克思主义使命型政党的属性，清晰界定了党员干部从政履职过程中的各种伦理关系，明确了各个层面的道德内涵，回答了什么是政德、为什么要立政德、怎样立政德等重大问题，为党员干部加强政德修养提供了根本遵循。明大德就是要铸牢理想信念、锤炼坚强党性，在大是大非面前旗帜鲜明，在风浪考验面前无所畏惧，在各种诱惑面前立场坚定；要求党员干部坚定拥护"两个确立"、坚决做到"两个维护"，做到对党忠诚、不负人民。守公德就是要强化宗旨意识，全心全意为人民服务，恪守立党为公、执政为民理念，自觉践行人民对美好生活的向往就是党的奋斗目标的承诺；要求党员干部全心全意为人民服务，不断修养党的宗旨意识和担当精神。严私德就是要严格约束自身的操守和行为，戒贪止欲、克己奉公，廉洁修身、廉洁齐家，切实把人民赋予的权力用来造福于人民；要求党员干部践行好工作时间外的个人道德修养，实现私人生活的从严、从实。

二、进德修身，弘扬中华传统美德

"唯宽可以容人，唯厚可以载物"，厚德载物的内核是"德"。胸怀宽广、博采众长、兼容并蓄、浑厚稳重，谓之"厚德"。中华民族

第三章
中国共产党对厚德载物的传承与发展

长久以来把"厚德"作为处事原则，倡导崇德、尚德之风气。厚德载物内在地要求自明其德、进德修身、弘扬正道、建功立业，体现了中国人修身处世的道德理念与内敛谦和的胸襟气量。在绵延5000年的文明发展史中，厚德载物逐渐凝铸成中国人的开阔胸襟和包容气度，铸就了中华民族独特的精神气质。中国共产党自诞生之日起，就自觉肩负起弘扬与发展中国传统道德的历史使命，运用马克思主义的科学世界观和方法论蒸馏其杂质、萃取其精华，并根据不同时期的社会发展需要，围绕文化建设和社会道德建设开展了积极有益的实践探索，推动中华传统道德的创造性转化与创新性发展。新民主主义革命时期，结合中国革命实践的需要，中国共产党人积极开展道德建设工作，根据当时的革命任务，紧紧围绕坚定理想信念、传承中华传统美德和培育崇高精神等方面开展道德建设工作，培养了一大批革命者和建设者，正如毛泽东指出："这些人具有政治远见"。毛泽东还指出："从孔夫子到孙中山，我们应当给以总结，承继这一份珍贵的遗产"。在社会主义革命和建设时期，中国共产党道德建设的主要任务是创造崭新的、先进的道德文化理念。在改革开放和社会主义现代化建设新时期，我们党坚持"两手抓，两手都要硬"，不断提高全民族的思想道德素质，有效地抵御了西方价值观念的入侵，为建设中国特色社会主义提供了强大精神力量。中国特色社会主义进入新时代，我们党推动中华优秀传统文化和传统美德时代化发展，思想道德建设取得显著成效。习近平总书记在多次重要讲话中引述厚德载物、正心明道、怀德自重等典故，强调"国无德不兴，人无德不立""用明德引领风尚"。习近平总书记所言"厚德载物、明德弘道的精神追求"，既是对中华优秀传统文化精髓的概括提炼和传承发展，也为推进"两个结合"、实现中国式现代化提供了重要的价值指引和精神支撑，激励人们追求崇高精神、向上向善，锻造事不避难、义不逃责的勇气，涵养天下为公、大爱无疆的品德。

经过几千年的文明积淀形成并流传下来的中华优秀传统文化，蕴含着丰富的思想道德资源。其中蕴含的讲仁爱、重民本、守诚信、崇正义、尚和合、求大同等思想理念，倡导的自强不息、敬业乐群、扶正扬善、扶危济困、见义勇为、孝老爱亲等传统美德，已经深深植根于人们的思想意识和道德观念之中，成为全体人民精神生活、道德实践的鲜明标识，为中华民族生生不息、发展壮大提供了丰厚道德滋养。这些宝贵的价值理念和精神品格浸润着社会道德建设，在助力提升个人思想道德素质的同时也提升了社会全体成员的道德境界。主要体现在，一方面，帮助人们正确认识世界、认识社会、认识自我，并通过躬身自省和实践笃行后，满足个人的精神文化需要和丰润的精神滋养，继而提升个人的道德修养水平；另一方面，帮助全社会提升道德境界。一个社会不能没有价值准则，厚德载物、明德弘道的精神追求为全社会提供了一种价值准则和精神支撑，激励着全社会追求崇高精神境界与道德境界，并为提升人们的道德境界提供了文化滋养和理论启发，推动在全社会树立讲道德、守道德的良好社会风尚。

党的二十届三中全会通过的《中共中央关于进一步全面深化改

第三章
中国共产党对厚德载物的传承与发展

革、推进中国式现代化的决定》指出：

> 构建中华传统美德传承体系，健全社会公德、职业道德、家庭美德、个人品德建设体制机制，健全诚信建设长效机制，教育引导全社会自觉遵守法律、遵循公序良俗，坚决反对拜金主义、享乐主义、极端个人主义和历史虚无主义。①

对于中华优秀传统文化中的道德主张、道德力量，要努力传播并弘扬，以其正能量激励人民群众崇德向善、见贤思齐。2013年9月26日，习近平总书记在会见第四届全国道德模范及提名奖获得者时，就强调道德模范是社会道德建设的重要旗帜，并且联系中华优秀传统文化进行阐释。习近平总书记强调，精神的力量是无穷的，道德的力量也是无穷的："中华文明源远流长，蕴育了中华民族的宝贵精神品格，培育了中国人民的崇高价值追求。自强不息、厚德载物的思想，支撑着中华民族生生不息、薪火相传，今天依然是我们推进改革开放和社会主义现代化建设的强大精神力量。"②

2014年5月4日，习近平总书记在北京大学师生座谈会上征引《礼记》中名言，阐述核心价值观就是一种大德：

---

① 《中共中央关于进一步全面深化改革　推进中国式现代化的决定》，《人民日报》2024年7月22日第2版。
② 《习近平谈治国理政》，外文出版社2014年版，第158页。

读懂厚德载物

古人说:"大学之道,在明明德,在亲民,在止于至善。"核心价值观,其实就是一种德,既是个人的德,也是一种大德,就是国家的德、社会的德。国无德不兴,人无德不立。如果一个民族、一个国家没有共同的核心价值观,莫衷一是,行无依归,那这个民族、这个国家就无法前进。这样的情形,在我国历史上,在当今世界上,都屡见不鲜。①

核心价值观,承载着一个民族、一个国家的精神追求,体现着一个社会评判是非曲直的价值标准,也充分体现了对中华优秀传统文化中厚德载物、天下为公、以德治国等思想的传承和升华。习近平总书记提出广大青年树立和培育社会主义核心价值观,一要勤学,二要修德,三要明辨,四要笃实。要在四个方面下功夫。关于修德,习近平总书记指出,要"加强道德修养,注重道德实践":

"德者,本也。"蔡元培先生说过:"若无德,则虽体魄智力发达,适足助其为恶。"道德之于个人、之于社会,都具有基础性意义,做人做事第一位的是崇德修身。这就是我们的用人标准为什么是德才兼备、以德为先,因为德是首要、是方向,一个人只有明大德、守公德、严私德,其才方能用得其所。修德,既要立意高远,又要立足平实。要立志报效祖国、服务人民,

---

① 习近平:《青年要自觉践行社会主义核心价值观——在北京大学师生座谈会上的讲话》,《人民日报》2014年5月5日第2版。

第三章
中国共产党对厚德载物的传承与发展

这是大德,养大德者方可成大业。同时,还得从做好小事、管好小节开始起步,"见善则迁,有过则改",踏踏实实修好公德、私德,学会劳动、学会勤俭,学会感恩、学会助人,学会谦让、学会宽容,学会自省、学会自律。①

中国共产党从中华优秀传统文化中汲取丰厚的道德滋养,通过创造性转化和创新性发展,使厚德载物、明德弘道观念融入公民道德建设之中,将马克思主义道德观与中华民族传统美德有机融合在一起,对于全面提高人民道德水准和文明素养具有非常重大的意义。中国共产党人结合新的时代条件和实践要求,继承创新中华传统美德,使之与现代文化、现实社会相适应,充分彰显其时代价值和永恒魅力。科学分析和把握其中蕴含的哲学思想、人文精神、价值理念、道德规范,坚持古为今用、推陈出新、去伪存真、去粗取精,不复古泥古,不简单否定,不断赋予中华传统美德新的时代内涵,更好传承崇德向善、修身养性、勤俭持家、爱国敬业、耕读传家、孝老爱亲等中华文化基因,实现以德化人、以美育人。创新中华传统美德的现代表达方式,在保留传统价值的基础上,融入现代元素,加快中华传统美德与当今时代的深度融合,推动传统美德从"馆舍天地"走向"寻常百姓家",使其更具时代感和吸引力。努力探寻中华传统美德与社会主义核心价值观的契合点,积极促进中华传统美

---

① 习近平:《青年要自觉践行社会主义核心价值观——在北京大学师生座谈会上的讲话》,《人民日报》2014年5月5日第2版。

读懂厚德载物

德与社会主义核心价值观相融相通,将中华传统美德蕴含的价值追求与社会主义核心价值观崇尚的爱国主义、集体主义、社会主义理想信念贯通起来,进一步厚植社会主义核心价值观的文化土壤。开展弘扬时代新风和移风易俗行动,深化群众性创建活动,持续推进诚信建设,在对外交流交往中展示文明素养,让中华传统美德深深扎根于日常生活实践之中,使社会公德、职业道德、家庭美德、个人品德真正内化于心、外化于行,让践行中华传统美德在全社会蔚然成风。

第三章
中国共产党对厚德载物的传承与发展

第五节　协和万邦：推动构建人类命运共同体

《尚书》曾说明尧之"德"就包括协调各邦国的利益，让各邦国都能够和谐合作。中华文明是在同其他文明不断交流互鉴中形成的开放体系。亲仁善邻、协和万邦是中华文明一贯的处世之道，天下一家、世界大同是中华民族源远流长的思想传统。以和为贵、和而不同、化干戈为玉帛、天下大同等理念在中国世代相传。"和"的核心精神，是相互承认、彼此尊重、和谐圆融。"和"的基础，在于和而不同、互相包容，求同存异、共生共长。"和"的途径，是以对话求理解，和睦相处；以共识求团结，和衷共济；以包容求和谐，共同发展。"和"的佳境，是各美其美、美人之美、美美与共、天下和美。

　　各正性命，保合太和，乃利贞。①
　　中也者，天下之大本也；和也者，天下之达道也。致中和，

---

① 〔魏〕王弼注、〔唐〕孔颖达正义：《周易正义》，〔清〕阮元校刻：《十三经注疏》上，上海古籍出版社1997年版，第14页。

读懂厚德载物

天地位焉，万物育焉。①

有子曰："礼之用，和为贵。先王之道，斯为美，小大由之。有所不行，知和而和，不以礼节之，亦不可行也。"②

子曰："君子和而不同，小人同而不和。"③

对"和"的崇尚一直是中华传统文化的主流。它饱含着丰富的中国传统哲学智慧，体现出了一定的辩证法思想，作用于政治、经济、社会生活诸领域。"和"是调节人与自然关系的自然观思想，是支配社会结构调整的内生动力，是治国安邦的统治哲学，也是人际关系和社会群体发展的理性规范。从儒家、道家等文化主张来看，其"仁""道"等概念均有来源于"和"的根本意义。"和"是维护国家统一和民族团结的重要理念之一。"和"在化解社会矛盾和平衡社会关系方面具有积极作用，既倡导人们达到身心的和谐，也倡导家庭、社会关系和谐，以崇高的价值观协调社会矛盾。同时，"和"也是实现多元文化融通发展的黏合剂，以其强大的包容性促进中华文明的多元价值的形成，"和"在世界文明发展史上功不可没。

---

① 〔汉〕郑玄注、〔唐〕孔颖达正义：《礼记正义》，〔清〕阮元校刻：《十三经注疏》下，上海古籍出版社1997年版，第1625页。
② 〔魏〕何晏注、〔宋〕邢昺疏：《论语注疏》，〔清〕阮元校刻：《十三经注疏》下，上海古籍出版社1997年版，第2458页。
③ 〔魏〕何晏注、〔宋〕邢昺疏：《论语注疏》，〔清〕阮元校刻：《十三经注疏》下，上海古籍出版社1997年版，第2508页。

第三章
中国共产党对厚德载物的传承与发展

一、弘扬和平共处五项原则

新中国成立前夕,毛泽东在阐述新中国的对外政策时,曾多次提出类似和平共处五项原则的思想。1949年4月30日在为人民解放军总部发言人起草的一份声明中指出:中国政府愿意考虑同各外国建立外交关系,但"这种关系必须建立在平等、互利、互相尊重主权和领土完整的基础上"。6月15日又在新政治协商会议筹备会上指出:任何外国政府只要愿意断绝同中国反动派的关系,不再勾结或援助它,并向新中国"采取真正的而不是虚伪的友好态度,我们就愿意同它在平等、互利和互相尊重领土主权的原则的基础之上,谈判建立外交关系的问题"。1949年10月1日,周恩来以外交部部长名义发出公函,在通知各国政府的《中华人民共和国中央人民政府公告》中明确宣布:"本政府为代表中华人民共和国全国人民的唯一合法政府。凡愿遵守平等、互利及互相尊重领土主权等项原则的任何外国政府,本政府均愿与之建立外交关系。"1953年12月31日,周恩来接见参加中印两国关于西藏地方与印度之间关系问题谈判的印度代表时,第一次提出和平共处五项原则。

> 新中国成立后就确立了处理中印两国关系的原则,那就是互相尊重领土主权、互不侵犯、互不干涉内政、平等互惠和平共处的原则。[①]

[①]《周恩来选集》下卷,人民出版社1984年版,第118页。

读懂厚德载物

只有互相尊重主权和领土完整,和平才有保障。对于任何一个国家主权和领土的侵犯,对于任何一个国家内政的干涉,都不可避免地要危及和平。如果各国保证互不侵犯,就可以在各国的关系中创造和平共处的条件。如果各国保证互不干涉内政,各国人民就有可能按照他们自己的意志选择他们自己的政治制度和生活方式。①

1955年召开的万隆会议是世界历史上第一次由亚非国家自行发起,在没有殖民国家参加的情况下,讨论亚非各国有关问题的大型国际会议。4月18日上午,万隆会议顺利开幕。在18日下午至19日的全体会议阶段,大部分国家代表的发言都表达了对殖民主义、种族主义的谴责,呼吁扩大亚非国家间的团结合作,促进经济和文化发展,维护世界和平。然而,由于与会国在社会制度和意识形态方面的差异,再加上西方国家的煽动和干扰,少数国家代表在发言中重提反共观点,甚至将矛头直指中国。如污蔑共产主义是"独裁",是一种"新形式的殖民主义",要"同美国联合起来反对共产主义"等。这些发言明显偏离了会议主题,使会场气氛陡然紧张,中国代表团如何回应受到高度关注,处理不慎,会议将陷入混乱和分裂。

对于这一突发状况,周恩来临时决定将此前准备的发言以书面形式散发,利用休会间隙,重新起草补充发言提纲。在正式发言中,

---

① 《周恩来选集》下卷,人民出版社1984年版,第150页。

第三章
中国共产党对厚德载物的传承与发展

周恩来开门见山地表明，中国代表团参加会议的目的"是来求团结而不是来吵架的""是来求同而不是来立异的""我们的会议应该求同而存异"。"求同存异"理念的提出不仅表明了中国代表团的诚意，而且为化解国家间的分歧提供了有效方案，在关键时刻避免会议误入歧途。接下来，周恩来深刻地论述了亚非国家间具有广泛的求同基础，并就此前各国代表在发言中提及的不同思想意识和社会制度问题、宗教信仰自由问题和颠覆活动问题进行了逐一回应，阐明中国政府的立场和政策，消除他们对中国的误解。短短18分钟的发言具有强烈的感染力和说服力，赢得了会场热烈的掌声，为会议找到了一条避免对立继续进行的路线，成为会议走向成功的转折点。

在亚非历史上，万隆会议是亚非人民团结合作的一个里程碑，也是现代国际关系史上划时代的创举。正如印尼总统苏加诺在大会开幕词中所指出的，"这是人类有史以来第一次有色人种的洲际会议"。在没有西方殖民国家参加的情况下，亚非国家首次携手相聚，增进彼此之间的相互了解和友好合作，体现了亚非人民掌握自己命运的决心和信心。会议通过的《亚非会议最后公报》提出了处理国际关系的十项原则，以团结、友谊、合作为核心的"万隆精神"传承至今，为促进世界和平与合作作出了积极贡献。

万隆会议促进了亚洲和非洲的民族解放运动蓬勃开展，标志着亚非国家作为一支独立的政治力量登上国际政治舞台。1955—1963年，在不到10年的时间里，先后有摩洛哥、突尼斯、马来西亚等近40个国家获得独立，加速了全球殖民体系瓦解的历史进程。许多参会国此后成为不结盟运动、77国集团的成员,为促进南南合作发挥了重要作用,推动了国际关系民主化的发展和国际政治经济新秩序的建立。

和平共处五项原则,是新中国和平外交方针的具体体现。这以后,为了在新中国对外关系中更好地贯彻和平共处五项原则,争取一个良好的国际环境,毛泽东提出要利用有利时机广交朋友,要和不同类型的国家发展关系。他强调:"五项原则是一个长期方针,不是为了临时应付的。""不同的制度是可以和平共处的。"我们需要利用目前有利的局势"走出去",同许多国家,比如英国、法国、加拿大这一类帝国主义国家,印度、缅甸等这一类殖民地国家,甚至像泰国这样的国家进行外交工作。

和平共处五项原则反映国际关系的本质特征,在理论上维护了国际关系的法理基础,在实践上顺应了历史进步潮流。《联合国宪章》的宗旨是反对战争、维护和平、加强国际合作;联合国的七大原则是会员国主权平等、忠实履行国际义务、和平解决国际争端、不得对别国使用武力或以武力相威胁等。显而易见,和平共处五项原则本质而生动地反映了《联合国宪章》的宗旨和原则,并赋予这些宗旨和原则以可见、可行、可遵循的内涵,正确地解决了国际关系准则和国家主权原则的相互关系,不仅在理论上发展了列宁关于和平共处的思想,而且发展了国际法原则,因此构成一个严整的科学体系。五项原则中包含的四个"互"字、一个"共"字,言简意赅、精练明确、深入浅出、含义深刻,既代表了认同和遵循五项原

第三章
中国共产党对厚德载物的传承与发展

则的这些国家对国际关系的新期待,也体现了这些国家的权利、义务、责任相统一的国际法治精神。

进入改革开放和社会主义现代化建设新时期后,我国继续大力倡导和推行和平共处五项原则。1978年10月1日,邓小平出席时任尼泊尔王国首相基尔提·尼提·比斯塔举行的答谢宴会并发表讲话,指出:"中尼两国建立在和平共处五项原则基础上的友好合作关系,符合两国人民的根本利益,经历了时间的考验。"[1] 同年11月11日,邓小平在访问马来西亚时指出,"我们都主张在和平共处五项原则的基础上发展国与国之间的关系,反对外来侵略、颠覆、控制和干涉"[2]。

> 新的政治秩序就是要结束霸权主义,实行和平共处五项原则。最经得住考验的不是霸权政治,不是集团政治,而是和平共处五项原则。我们要经过几十年的努力,在和平共处五项原则的基础上建立国与国之间的关系,特别是邻国之间的关系。解决战争与和平的问题,建立国际新秩序的问题,都需要这些原则。[3]

邓小平如此重视和平共处五项原则,还与时代的变化密切相关。

---

[1]《邓小平年谱(1975—1977)》上,中央文献出版社2004年版,第391页。
[2]《邓小平年谱(1975—1977)》上,中央文献出版社2004年版,第426页。
[3]《邓小平年谱(1975—1977)》下,中央文献出版社2004年版,第1251页。

读懂厚德载物

20世纪70年代末，随着世界的变化与进步，逐步由"帝国主义战争和无产阶级革命时代"进入了以和平与发展为主题的时代。时代主题的变化是国际关系中，也是世界局势中最大的变化。时代变了，很多东西必须跟着变。要从时代变化的角度来处理国内和国际问题。

2024年6月28日，和平共处五项原则发表70周年纪念大会在北京举行，习近平主席出席纪念大会并发表重要讲话，深情回顾和平共处五项原则为人类进步事业作出的历史贡献，深刻阐明构建人类命运共同体理念与和平共处五项原则一脉相承，鲜明提出新形势下弘扬和平共处五项原则、携手构建人类命运共同体的一系列倡议。

70年来，和平共处五项原则跨越时空、超越隔阂，经久愈韧、历久弥新，成为开放包容、普遍适用的国际关系基本准则和国际法基本原则，为人类进步事业作出了不可磨灭的历史贡献。

第一，和平共处五项原则为国际关系和国际法治树立了历史标杆。五项原则充分体现联合国宪章宗旨和原则，顺应国际关系发展的时代潮流，符合世界各国人民根本利益。同时，强调国与国关系相互、平等的实践要求，凸显了各国权利、义务、责任相统一的国际法治精神。五项原则涵盖国与国在政治、安全、经济、外交等方面和平共处的基本规范，为各国践行国际法治精神、建立正确相处方式提供了准确清晰、行之有效的行为准则。

第二，和平共处五项原则为不同社会制度国家建立和发展

第三章
中国共产党对厚德载物的传承与发展

关系提供了正确指导。凡是遵循五项原则,即使社会制度和意识形态不同、历史文化和宗教信仰不同、发展水平和体量规模不同的国家,也完全可以建立和发展相互信任和友好合作的关系。五项原则为和平解决国家间历史遗留问题及国际争端开辟了崭新道路,超越了"集团政治"、"势力范围"等陈旧狭隘观念和对立对抗思维。

第三,和平共处五项原则为发展中国家团结合作、联合自强汇聚了强大合力。五项原则凝结了发展中国家对改变自身命运、追求变革进步的深刻思考。在五项原则激励和鼓舞下,越来越多亚非拉国家相互声援和支持,奋起抵御外来干涉,成功走出独立自主的发展道路。五项原则还促进了南南合作,推动了南北关系改善和发展。

第四,和平共处五项原则为国际秩序改革和完善贡献了历史智慧。五项原则的出发点就是维护弱小国家在强权政治环境中的利益和诉求,旗帜鲜明反帝、反殖、反霸,摒弃了穷兵黩武、以强凌弱的丛林法则,为推动国际秩序朝着更加公正合理方向发展奠定了重要思想基础。

历经70年岁月洗礼,和平共处五项原则已经成为国际社会的共同财富,值得悉心珍视、继承、弘扬。[1]

---

[1] 习近平:《弘扬和平共处五项原则 携手构建人类命运共同体》,《人民日报》2024年6月29日第2版。

习近平主席的重要讲话以史为鉴、面向未来，内涵丰富、思想深邃，为正确处理国与国关系提供宝贵启示，为维护世界和平与安宁、促进人类发展与进步凝聚共识合力，具有十分重要而深远的意义。

二、携手构建人类命运共同体

当今世界正经历百年未有之大变局，国际格局深刻演变，和平与发展遭遇多重挑战，人类再次走到关键十字路口。面对"建设一个什么样的世界、如何建设这个世界"的重大课题，习近平主席高瞻远瞩地提出构建人类命运共同体的重大理念。这一理念与和平共处五项原则一脉相承，都彰显了中国外交自信自立、坚持正义、扶弱扬善的精神风骨，都体现了中国共产党人为人类作出新的更大贡献的世界情怀，都展现了中国坚持走和平发展道路的坚定决心，是新形势下对和平共处五项原则最好的传承、弘扬、升华。着眼人类共同利益，方能汇聚携手前行的合力。构建人类命运共同体理念立足于国与国命运交织、休戚与共的客观现实，树立了平等和共生的新典范；顺应和平、发展、合作、共赢的时代潮流，开辟了和平和进步的新境界；着眼世界多极化和经济全球化的历史大势，丰富了发展和安全的新实践。这一理念提出11年来，已经从中国倡议扩大为国际共识，从美好愿景转化为丰富实践，有力推动世界走向和平、安全、繁荣、进步的光明前景。

第三章
中国共产党对厚德载物的传承与发展

> 这个世界，各国相互联系、相互依存的程度空前加深，人类生活在同一个地球村里，生活在历史和现实交汇的同一个时空里，越来越成为你中有我、我中有你的命运共同体。①

2013年3月，习近平主席在莫斯科国际关系学院的演讲中，第一次在外交场合提到"命运共同体"概念，此后至2015年9月期间，习近平主席在国际国内不同场合多次提到"命运共同体"概念，并先后创造性提出了"中非命运共同体""中国—东盟命运共同体""亚太命运共同体""中拉命运共同体"等具体理念。2015年9月，习近平主席在联合国总部发表题为《携手构建合作共赢新伙伴 同心打造人类命运共同体》的讲话，明确指出要"构建以合作共赢为核心的新型国际关系，打造人类命运共同体"。这是中国最高领导人首次在重大国际组织场合中提出"人类命运共同体"的概念并详细阐释核心思想。此后到2016年12月，在第二届世界互联网大会、华盛顿核安全峰会、上合组织成员国元首理事会第十六次会议、金砖国家领导人第八次会晤等场合，习近平主席先后提出"构建网络空间命运共同体""核安全命运共同体"等具体理念，使"人类命运共同体"的内容日臻丰富完善。

党的二十大报告提出："中国始终坚持维护世界和平、促进共同发展的外交政策宗旨，致力于推动构建人类命运共同体。"人类命运共同体理念作为新时代中国外交整体布局的重要组成部分，已经成

---

① 《习近平谈治国理政》第一卷，外文出版社2018年版，第272页。

为中国协调与世界关系的重要指导思想。一方面，人类命运共同体理念凸显了中国作为发展中国家自身的发展经验与对外交往原则，是应对百年未有之大变局中全球性问题的中国答卷；另一方面，人类命运共同体理念作为马克思主义理论中国化的具体成果，体现了人类共同价值与共同理念。构建人类命运共同体已成为面对治理、信任、和平、发展四大赤字及解决全球问题的中国有效方案。

第一，时代是思想之母。理解构建人类命运共同体思想首先需要弄清楚孕育这一思想的时代背景是什么，而要回答好这个问题，又牵涉到另外两个密切相关的问题，即为什么要提出构建人类命运共同体思想以及为什么是中国首先提出了这一思想。综合而言，全球性相互依赖加强、全球治理面临新挑战以及中国的大国责任担当构成了这一时代背景的主基调。

当今时代的一个主要特征就是高度相互依赖性。这种相互依赖性突出体现在三个方面。一是发展的相互依赖性。环顾世界，任何一个国家要想获得发展，就必须融入全球大的发展体系中，奉行开放发展、包容增长的理念与政策，同时将本国的发展战略与他国的发展战略很好地对接，这样才能实现共同的、可持续的发展目标。可以说，当今世界各国发展机遇与愿景相互关联，没有一个国家能够脱离于世界而获得发展。因而，这种发展必然是一种互动的发展、合作的发展、多赢的发展、共同的发展。二是风险与挑战的相互依存性。全球气候变化、生态环境恶化、恐怖主义、粮食安全、核危机、难民潮等一系列问题成为世界各国与地区共同面临的全球性挑

第三章
中国共产党对厚德载物的传承与发展

战，需要全人类共同应对。可以说，风险与挑战的跨国性、联动性特点决定了没有哪个国家能够独自应对人类面临的各种挑战，也没有哪个国家能够退回到自我封闭的孤岛，在风险与挑战面前不允许有"旁观者""退缩者"，更不能有"转嫁责任者""损公肥私者"。世界各国需要以负责任的精神同舟共济，共同面对挑战，合力应对危机，维护和促进世界和平与发展。三是议题的相互交融性。当今世界，政治、经济、安全、社会、文化、科技等不同议题领域的边界已经远不如之前那样清晰可见，并且这些议题的相互交融性与交换性明显增强，从而极易引发"共振效应"。客观来说，这种议题领域的交互性特征使得国家间关系变得更为复杂，从而要求各国必须以一种整体的、系统的视角与方法来加以应对与处理。总之，人类生活在同一个地球村，各国日益相互依存、命运与共，越来越成为你中有我、我中有你的命运共同体。

当前全球治理体系主要基于第二次世界大战后在西方国家主导下建立起来的一系列国际机制、规范、原则与模式。然而，随着时代的变迁，国际权力配置的变化以及全球性挑战的日益严峻，现有国际机制暴露出重大缺陷。联合国发布的《2010年世界经济与社会概览：重探全球发展之路》报告中坦承，"2008—2009年全球经济危机暴露了金融市场运作的体制性失效以及经济决策核心的严重缺陷，而且，经济危机和金融危机是紧随其他几场危机爆发的"，粮食、能源、气候变化等"多重危机接踵而至，暴露了我们的全球治理机制在这些挑战面前，存在的严重弱点"。现有全球治理体系无法有效应对当前人类面临的共同挑战，全球治理失灵的现象屡屡发生。当前国际格局正处于深刻变动之中，矛盾性、复杂性与不可预期性凸显，主要体现在四个方面：一是大国战略博弈日趋激烈。大国既是国际体系变革的主导性力量，同时对国际体系的变化也十分敏感。大国重视国际体系的塑造，并将其作为占据国际政治、经济、文化等各领域制高点的有效途径。从历史上看，国际体系剧烈变动时期，主要因国际力量格局的再调整、再平衡所起，而这一过程往往伴随着战争与动荡。二是全球民粹主义抬头，逆全球化现象出现。国家间共同利益逐渐让位于竞争性利益，甚至排他性利益，国际关系"以邻为壑"的现象有可能重现。2008年的金融危机所引发的后续效应仍未消除，全球贸易和投资低迷，国际大宗商品价格持续波动，世界经济处于艰难复苏之中。三是地缘政治因素错综复杂，地区热点问题难以破解，安全困境日渐深化；恐怖主义、极端主义扩张，以及技术的进步所带来的复合影响；传统安全和非传统安全风险相互交织与叠加，这些都增加了未来世界发生冲突的危险。四是国际秩序存在失范的风险。在国际体系中占据主导地位的西方国家政策内顾倾向加重，保护主义抬头，甚至推卸、逃避国际责任，全球安全、繁荣等"公共产品"的供给有出现严重危机的风险。面对如此之多的问题，现有全球治理体系不仅无法从根本上作出解答，找到出路，甚至还使经济不平等、发展失衡、气候变化等问题进一步扩大化。有鉴于此，国际社会迫切呼唤新的全球治理理念，构建新的更加公正合理的国际体系和秩序，开辟人类更加美好的发展

第三章
中国共产党对厚德载物的传承与发展

前景。

第二，从总体布局来把握。2017年1月，习近平主席在联合国日内瓦总部发表重要演讲，倡导各国共同构建人类命运共同体，提出国际社会要从伙伴关系、安全格局、经济发展、文明交流、生态建设等方面作出努力。

> 坚持对话协商，建设一个持久和平的世界。①
> 坚持共建共享，建设一个普遍安全的世界。②
> 坚持合作共赢，建设一个共同繁荣的世界。③
> 坚持交流互鉴，建设一个开放包容的世界。④
> 坚持绿色低碳，建设一个清洁美丽的世界。⑤

人类命运共同体，顾名思义，就是每个民族、每个国家的前途命运都紧紧联系在一起，应该风雨同舟、荣辱与共，努力把我们生于斯、长于斯的这个星球建成一个和睦的大家庭，把世界各国人民对美好生活的向往变成现实。这一理念以"五个世界"为总体布局。

第三，从路径平台来把握。推动构建新型国际关系，是构建人类命运共同体的根本路径。秉持相互尊重、公平正义、合作共赢的

---

① 《习近平谈治国理政》第二卷，外文出版社2017年版，第541页。
② 《习近平谈治国理政》第二卷，外文出版社2017年版，第541页。
③ 《习近平谈治国理政》第二卷，外文出版社2017年版，第542页。
④ 《习近平谈治国理政》第二卷，外文出版社2017年版，第543页。
⑤ 《习近平谈治国理政》第二卷，外文出版社2017年版，第544页。

原则，深化拓展平等、开放、合作的全球伙伴关系，走出国与国交往的新路。共建"一带一路"为构建人类命运共同体提供实践平台。"一带一路"以互联互通为着力点，推进共建国家和地区政策沟通、设施联通、贸易畅通、资金融通、民心相通，开辟共同发展、共赢发展、共享发展之路。

共建"一带一路"，是习近平总书记深刻思考人类前途命运以及中国和世界发展大势，推动中国和世界合作共赢、共同发展作出的重大决策。党的二十大报告围绕推进高水平对外开放作出重要部署，强调推动共建"一带一路"高质量发展。中央经济工作会议提出，抓好支持高质量共建"一带一路"八项行动的落实落地，统筹推进重大标志性工程和"小而美"民生项目。作为极具包容性的全球公共产品和国际合作平台，共建"一带一路"倡议顺应全球治理体系变革的时代要求，着眼于各国人民追求和平与发展的共同梦想，给世界提供了一项充满东方智慧的共同繁荣发展方案，为全球发展开辟新空间。10年多来取得的辉煌成就，不仅展现出其理念的先进性，而且显示了中国携手各方务实推进的强大实践能力。未来，要推动高质量共建"一带一路"合作走深走实，建设一个开放包容、互联互通、共同发展的世界，推动构建人类命运共同体，为实现世界各国的现代化作出不懈努力。

以共建"一带一路"为实践平台推动构建人类命运共同体，符合时代进步的逻辑。作为当代最广泛的全球公共产品，共建"一带一路"聚焦发展这个根本性问题，释放各国发展潜力，实现经济大

第三章
中国共产党对厚德载物的传承与发展

融合、发展大联动、成果大共享。中欧班列、雅万高铁、中老铁路等一大批标志性工程有力促进共建国家和地区互联互通,一批"小而美"民生项目持续惠及共建国家人民。这些充分证明,共建"一带一路"始终坚持以构建人类命运共同体为最高目标,积极推动同多个国家和地区构建双边及区域性命运共同体,有力促进世界和平安宁和共同发展。

推动共建"一带一路"高质量发展,加大改革力度,扩大高水平对外开放,完善"一带一路"国际合作机制,稳步扩大规则、规制、管理、标准等制度型开放,支持建设开放型世界经济,积极参与国际经贸规则谈判,推动形成开放、多元、稳定的世界经济秩序。坚持开放包容,深入推进跨境服务贸易和投资高水平开放,深化同共建"一带一路"国家的文明对话。统筹推进标志性工程和"小而美"民生项目,发挥好六项目引领带动效应,根据实际需要打造更多聚人心、接地气的项目,不断增强共建国家人民的获得感。

共建"一带一路"顺应了全球治理体系变革的内在要求,彰显了同舟共济、权责共担的命运共同体意识,为完善全球治理体系变革提供了新思路新方案。我们要坚持对话协商、共建共享、合作共赢、交流互鉴,同沿线国家谋求合作的最大公约数,推动各国加强政治互信、经济互融、人文互通,一步一个脚印推进实施,一点一滴抓出成果,推动共建"一带一路"走深走实，造福沿线国家人民，推动构建人类命运共同体。①

第四，从重要依托来把握。全球发展倡议、全球安全倡议、全球文明倡议的提出和落实，为构建人类命运共同体提供强有力支撑。全球发展倡议主张坚持发展优先，构建团结、平等、均衡、普惠的全球发展伙伴关系。全球安全倡议主张各国坚持共同、综合、合作、可持续的安全观，推动构建不可分割的全球安全共同体，走出一条对话而不对抗、结伴而不结盟、共赢而非零和的新型安全之路。全球文明倡议倡导不同文明包容共存、交流互鉴，努力开创世界各国人文交流、文化交融、民心相通新局面。三大倡议广泛凝聚共识、汇聚力量，为构建人类命运共同体注入强大动力。

"三大全球倡议"从发展、安全、文明三个维度指明人类社会前进方向，彼此呼应、相辅相成，为推动构建人类命运共同体提供了坚实支撑。全球发展倡议从发展维度明确回答了"人类需要什么样的发展理念、怎样实现全球发展"的时代之问，为推动构建人类命运共同体提供了物质之基。全球安全倡议从安全维度明确回答了"人类需要什么样的安全理念、怎样实现普遍安全"的世界之困，为推动构建人类命运共同体打造了安全之基。全球文明倡议从文明维度明确回答了"人类需要什么样的文明理念、怎样实现交流互鉴"的历史之惑，为推动构建人类命运共同体夯实了文明之基。

构建人类命运共同体理念和"三大全球倡议"贯穿马克思主义立场观点方法，生动体现了马克思主义的本质特征，彰显鲜明理论

---

① 《习近平谈治国理政》第三卷，外文出版社2020年版，第486页。

第三章
中国共产党对厚德载物的传承与发展

品格。构建人类命运共同体理念和"三大全球倡议"以辩证唯物主义和历史唯物主义为理论基础,既深刻揭示了人类社会发展的规律和方向,又为人类社会进步提供了科学的方法和路径,彰显了强大真理力量,体现出鲜明的科学性。构建人类命运共同体理念和"三大全球倡议"以世界各国人民对美好生活的向往为依归,既关注人类整体利益,致力于增进全人类共同福祉,又着眼具体的"人",主动回应各国人民求和平、谋发展、促合作的强烈愿望,致力于为实现和保障人的全面发展创造条件,体现出鲜明的人民性。构建人类命运共同体理念和"三大全球倡议"彰显了中国共产党以实际行动为世界谋大同的使命担当,其正确性和必要性不断为现实世界所证明,其思想内涵和理论体系随着形势变化不断丰富和完善,体现出鲜明的实践性。

构建人类命运共同体理念和"三大全球倡议"坚持和运用马克思主义立场观点方法,基于对历史规律的把握、对时代课题的思考、对中华文明的传承,形成了系统完整、逻辑严密的思想体系。"三大全球倡议"紧密相连、相互依托、相互促进,为构建人类命运共同体提供有力支撑,为建设更加美好的世界提供中国方案。新征程上,党的对外工作将始终坚持以习近平新时代中国特色社会主义思想为指引,贯彻落实习近平外交思想,高举构建人类命运共同体鲜明旗帜,努力汇聚全球正能量,共同推动"三大全球倡议"落地落实,践行我们党为人类谋进步、为世界谋大同的庄严承诺,为实现中华民族伟大复兴、促进人类进步事业作出更大贡献。

读懂厚德载物

第五，从价值追求来把握。和平、发展、公平、正义、民主、自由的全人类共同价值，是各国人民的共同追求。我们要本着对人类前途命运高度负责的态度，做全人类共同价值的倡导者，以宽广胸怀理解不同文明对价值内涵的认识，不将自己的价值观和模式强加于人，不搞意识形态对抗。这为世界各国在价值观和意识形态领域超越差异分歧、实现文明交流互鉴提供了思想支撑，为构建人类命运共同体提供了价值引领。

> 和平、发展、公平、正义、民主、自由，是全人类的共同价值，也是联合国的崇高目标。目标远未完成，我们仍须努力。当今世界，各国相互依存、休戚与共。我们要继承和弘扬联合国宪章的宗旨和原则，构建以合作共赢为核心的新型国际关系，打造人类命运共同体。①

和平与发展是人类的共同事业，也是当今时代的主题，关乎所有人的生存权和发展权。和平孕育发展生机，发展保障持久和平。和平如同空气，各国日用而不觉，失之则共同蒙难。一部国际关系史，可以说也是一部人类不懈追求和平、巩固和平的历史。只有各国共同肩负维护和平的责任，人类才能享受和平的阳光雨露。发展是保障人民基本权利、满足人民对美好生活热切向往的根本途径。今天，国际社会发展不平衡、不均衡现象和问题尚未得到实质性改

---

① 《习近平谈治国理政》第二卷，外文出版社 2017 年版，第 522 页。

第三章
中国共产党对厚德载物的传承与发展

变,维护各国的正当发展权利,不断改善欠发达国家和地区的发展条件,实现各个国家和群体的共同发展、可持续发展,依然任重道远,这也是将发展作为全人类共同价值的重要意义所在。

公平正义是人类的共同理想,也是国际秩序的基石。世界要公道不要霸道。保障公道公理,摒弃丛林法则、强权政治,是各国人民在国际关系领域的正当追求。站在历史正确的一边、站在人类进步的一边,就要努力维护国际关系公平正义。坚持公平正义,首要的是坚守主权平等原则。主权平等是国与国规范彼此关系的重要准则,也是联合国及所有机构、组织共同遵循的首要原则,在这一点上各国已形成高度共识。国家不分大小、强弱、贫富一律平等,主权和尊严必须得到尊重,内政不容干涉,反对以强凌弱,反对把自己意志强加于人。确保国际规则的平等统一适用,不能"合则用、不合则弃",更不能搞双重标准、多重标准。在世界格局深刻复杂演变、国际形势动荡变革的当下,人们对公平正义价值的呼唤尤为强烈。

民主自由是人类的共同追求。近现代世界历史上,国际关系的发展进步,正是在一大批国家反对殖民主义、争取民族独立解放、建立国际政治经济新秩序等推进国际关系民主化的努力中逐步实现的。从国际层面来说,民主意味着各国平等参与国际事务,共同掌握世界命运,遵循共商共建共享原则参与国际治理等。自由意味着每个国家都有自主选择发展道路和发展模式的权利,各国要彼此尊重对方开展正常正当经济文化活动的权利。今天,垄断国际事务的想法是落后于时代的，垄断国际事务的行为也注定是不能成功的。同样，垄断对民主自由的定义，以民主价值观划线、拼凑小集团、搞阵营分割，或以"民主""自由"为幌子干涉别国内政，都与民主自由的价值格格不入，也与世界各国人民的期待背道而驰。

构建人类命运共同体是在应对日益增多且复杂严峻的全球性挑战中提出的，而和平、发展、公平、正义、民主、自由正体现出全人类在解决共同面临的重大问题上的价值诉求。全人类共同价值鲜明体现着主权平等、沟通协商、公平正义、开放包容、人道主义等理念，为构建人类命运共同体提供价值支撑。构建人类命运共同体，需要各国坚持对话协商、共建共享、合作共赢、交流互鉴、绿色低碳，共同为建设一个持久和平、普遍安全、共同繁荣、开放包容、清洁美丽的世界而努力。全人类共同价值从价值层面最大限度凝聚共识，在实践中汇聚各国力量向着构建人类命运共同体的方向努力。全人类共同价值对构建人类命运共同体的意义，没有仅仅停留在观念层面。在今天的国际关系中，它正在具体地转化为一些国家的外交政策，体现在越来越多的国际公共政策领域。全人类共同价值的感召力日益增强，构建人类命运共同体的价值共识不断汇聚，推动全人类共同创造更加美好的未来。